BLASZKODZIOBE

BOCIANOWE

CZAPLOWE

DZIĘCIOŁOWE

GŁUPTAKOWE

GOŁĘBIOWE

GRZEBIĄCE

KRASKOWE

SIEWKOWE

SOKOŁOWE

SOWY

SZPONIASTE

WRÓBLOWE

ŻURAWIOWE

rodzina: bekasowate

Batalion

Philomachus pugnax

rząd: *siewkowe*

brodzące, wędrowne, lęgowe

masa
70–255 g

długość ciała
20–32 cm

rozpiętość skrzydeł
44–59 cm

pożywienie
owady i ich larwy, dżdżownice, ślimaki wodne, glony, nasiona

gniazdo i jaja
4 różnobarwne stożkowe jaja znoszone w płytkich, wyściełanych trawą gniazdach, wygrzebywanych przez samice na terenach bagiennych

opis gatunku

Ptak ten ma wysokie nogi. Ogon i kuper tylko po bokach są białe, na skrzydłach występuje wąska biała smuga widoczna w czasie lotu. Rzadko wydaje dźwięki. Samice są znacznie niższe. Samce w okresie lęgowym mają puklerze z piór na głowie i tzw. „kryzę" wokół szyi. Kolory piór u różnych ptaków różnią się od siebie. Tokują gromadnie przez cały dzień, z przerwami, na śródbagiennych, wzniesieniach, groblach itp. Od czasu do czasu staczają bezkrwawe rytualne walki.

występowanie

Gnieździ się na rozległych, otwartych bagiennych łąkach. Przylatuje do nas z Afryki lub z Bliskiego Wschodu. Rzadko można go spotkać w północno-wschodniej Polsce na nizinnych terenach podmokłych i torfowiskach, przede wszystkim na Bagnach Biebrzańskich. W czasie wędrówek spotykany w całej Polsce nad zbiornikami wodnymi i nad Bałtykiem.

europilot

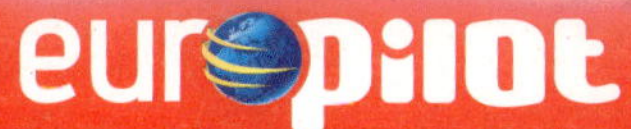

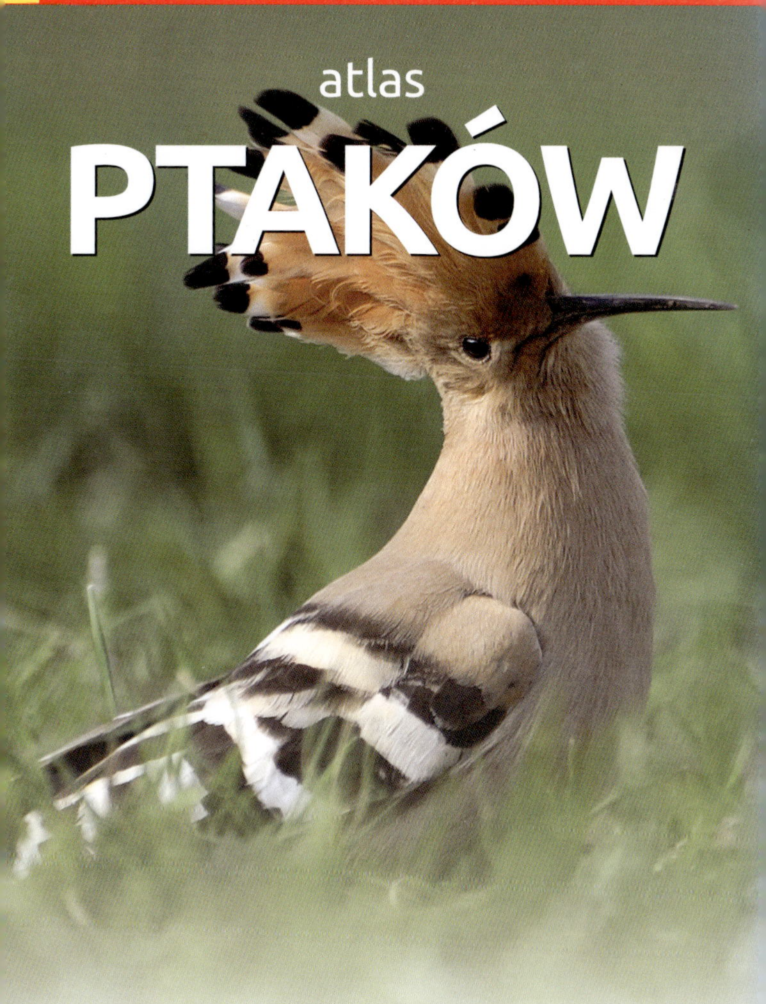

atlas

PTAKÓW

Daunpol Sp. z o.o.
01-355 Warszawa, ul. Konarskiego 3
tel. +48 22 664 37 20
www.daunpol-pilot.com.pl; biuro@daunpol-pilot.com.pl

Redakcja: Jolanta Sieradzka-Kasprzak
Redakcja tekstów: Karolina Zych
Korekta tekstów: Małgorzata Kuśnierz
Konsultacje merytoryczne: Paweł Fabijański
Skład: Ewa Chmielewska

Zdjęcia:
Archiwum Daunpol
Paweł Fabijański
Fotolia

SPIS WYBRANYCH PTAKÓW CHRONIONYCH

Białorzytka

Oenanthe oenanthe

rodzina: muchołówkowate

rząd: **wróblowe**

lęgowe, śpiewające, wędrowne

opis gatunku

Ma biały kuper i biało-czarny ogon widoczne z daleka podczas lotu. Końce sterówek są czarne.

występowanie

Zimuje w tropikalnej Afryce, południowej Azji oraz południowo-wschodniej Ameryce Północnej. W Polsce należy do ptaków nielicznych lęgowo, ale występuje na całym obszarze kraju. Spotkać ją można na otwartych niezadrzewionych terenach. Najchętniej zamieszkuje żwirowiska, ruiny, wyrobiska kamieni i leśne poręby.

masa

19–27 g

długość ciała

15 cm

rozpiętość skrzydeł

26–32 cm

pożywienie

Żywią się owadami i larwami, drobnymi bezkręgowcami zbieranymi na ziemi, drobnymi owocami i jagodami.

gniazdo i jaja

Samica składa 5–7 jaj w szczelinach skalnych lub na ziemi, w dziurach pod kamieniami, deskami.

rodzina: bekasowate

Biegus krzywodzioby
Calidris ferruginea

rząd: **siewkowe**

brodzące, wędrowne

masa
50–100 g

długość ciała
20–21 cm

rozpiętość skrzydeł
38–40 cm

pożywienie
drobne skorupiaki, ślimaki, małże, owady

gniazdo i jaja
Gniazdo znajduje się w zagłębieniu ziemi wyścielanym porostami. Ptak ten często tworzy kolonie. Samica zazwyczaj składa 4 jaja.

opis gatunku
Średniej wielkości ptak, ładnie ubarwiony, z zakrzywionym do dołu dziobem. Jego pokrywy ogonowe są białe. W okresie godowym ma brązowo-czerwone upierzenie – ciemniejsze niż u biegusa rdzawego. Późnym latem na przedzie głowy i szyi pojawiają mu się szaropłowe pióra.

występowanie
Gnieździ się na moczarach północno-wschodniej Azji. Należy do ptaków, które odbywają najdłuższe wędrówki, głównie wzdłuż wybrzeży morskich. U nas podczas wędrówek (szczególnie w sierpniu i wrześniu) widywany w całym kraju.

Biegus płaskodzioby
Limicola falcinellus

rodzina: bekasowate

rząd: **siewkowe**

brodzące, wędrowne

opis gatunku

Mały ptak, ładnie upierzony, z długim spłaszczonym dziobem. Na głowie widoczne są ciemne pasy. Nad okiem ma dwie białe kreski, a wzdłuż ciemnego grzbietu biegną wąskie paski.

występowanie

Zimuje we wschodniej i południowej Afryce, na Bliskim Wschodzie i w Indiach. Występuje na podmokłych obszarach tundry i na bagnach, głównie w Skandynawii i północnej Eurazji. W Polsce spotykany w czasie przelotów, najczęściej na wybrzeżu, a najliczniej na wschód od Wisły.

masa

32 g

długość ciała

16–17 cm

rozpiętość skrzydeł

33–35 cm

pożywienie

drobne chrząszcze, komary, skorupiaki, mięczaki, nasiona, zielone glony

gniazdo i jaja

Samica znosi 4 oliwkowobrązowe z ciemnymi plamami jaja w gnieździe na łące lub na bagnie, w obficie wyścielanym dołku.

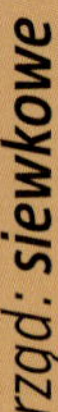

rodzina: bekasowate

Biegus rdzawy

Calidris canutus

brodzące, wędrowne

masa
80–150 g

długość ciała
25 cm

rozpiętość skrzydeł
50 cm

pożywienie
drobne skorupiaki, ślimaki, małże, owady

gniazdo i jaja
Gniazda buduje na ziemi, w trawie, czasem na skalnym występie, grubo pokrywa je porostami. Samica znosi 3–4 jaja.

opis gatunku

Ptak średniej wielkości, największy ze wszystkich biegusów. Ma krótszy dziób niż biegus krzywodzioby. Pokrywy ogona są białe z falistymi czarnymi prążkami. W szacie godowej dorosłe ptaki mają piękny ceglasto-czerwony spód ciała, natomiast w szacie spoczynkowej przybierają barwę jasnoszarą z delikatnym łuskowatym wzorem.

występowanie

Zimuje w zachodniej i południowej Afryce. Zamieszkuje wybrzeża i wyspy tundry północnej Eurazji, zazwyczaj w pobliżu morskiego brzegu. W Polsce spotykany w czasie przelotów, jesienią liczniej występuje na wybrzeżu, wewnątrz kraju spotykany rzadko i nielicznie.

Bielaczek (tracz bielaczek)

Mergellus albellus

rodzina: kaczkowate

rząd: **blaszkodziobe**

wodne, wędrowne

opis gatunku

Najmniejsza kaczka z rodziny kaczkowatych, ozdoba naszych wód w okresie zimowym. Samiec jest charakterystycznie ubarwiony – zimą prawie cały biały z czarnymi liniami, skrzydła ma ciemne z owalną białą plamą przeciętą czarną linią. Wierzch głowy samicy jest brązowy, grzbiet szary, z kolei podbródek, szyja i spód są białe. Ptak ten ma wąski dziób zakrzywiony haczykowato do dołu.

występowanie

Gniazduje na Półwyspie Skandynawskim i Syberii. Zimuje w zachodniej i południowej Europie, we wschodniej części Morza Śródziemnego, w Azji Środkowej i na Dalekim Wschodzie. W Polsce spotykany obszarze całego kraju w czasie przelotów, zimuje na północy. Miejscem jego występowania są różnego typu zbiorniki wodne.

masa

500–950 g

długość ciała

35–50 cm

rozpiętość skrzydeł

68 cm

pożywienie

ryby, drobne zwierzęta wodne, rzadziej skorupiaki i mięczaki, niekiedy rośliny

gniazdo i jaja

Gniazdo buduje w dziuplach drzew, czasami również wśród kamieni i pod chrustem. Znosi 6–10 kremowobiałych jaj.

rodzina: jastrzębiowate

Bielik

Haliaeetus albicilla

rząd: **szponiaste**

drapieżne, lęgowe, osiadłe

masa

od 4 kg u samców do 6 kg u samic

długość ciała

85–95 cm

rozpiętość skrzydeł

od 200 cm u samców do 240 cm u samic

pożywienie

Żywi się rybami, ptakami i drobnymi ssakami wodnymi, nie gardzi padliną.

gniazdo i jaja

Buduje gniazda na półkach skalnych, wysokich starych drzewach, najczęściej sosnach. Składa 2–3 białe jaja.

opis gatunku

Największy ptak szponiasty północnej Europy. Dorosłe osobniki mają biały ogon i żółty dziób, jasnobrązową głowę, szyję oraz pierś, reszta ciała jest ciemniejsza. Młode ptaki są ciemniejsze i mają czarniawy dziób z jasną nasadą.

występowanie

Występuje na Mazurach, nad Zalewem Szczecińskim i na wyspie Wolin oraz na Pomorzu, Kaszubach, w Wielkopolsce i na Polesiu. Spotkać go można w starych lasach i w pobliżu dużych, otwartych zbiorników wodnych oraz rzek bogatych w ryby.

Błotniak łąkowy
Circus pygargus

rodzina: jastrzębiowate

rząd: **szponiaste**

drapieżne, lęgowe, wędrowne

opis gatunku

Najmniejszy ze wszystkich błotniaków. Samiec jest ciemnoszary, na wierzchu skrzydeł ma czarny pas i dwa pasy na spodzie oraz kasztanowe kreskowanie na jasnoszarym brzuchu. Samica jest brązowawa z białym kuprem. Ma wyraźne plamy bieli nad i za okiem, a na brzuchu kasztanowe kreskowanie.

występowanie

Zimuje w Afryce, na południe od Sahary. Występuje w nizinnej Polsce. Jego rozmieszczenie jest nierównomierne, liczniej występuje na wschodzie i w środkowej części kraju. Najczęściej spotkać go można na podmokłych łąkach, torfowiskach, terenach rolniczych.

masa

270–380 g

długość ciała

42–46 cm

rozpiętość skrzydeł

115–125 cm

pożywienie

drobne gryzonie, duże owady, jaja i pisklęta innych ptaków

gniazdo i jaja

Buduje gniazda na ziemi, wyściełane źdźbłami roślin. Samica składa 3–5 kremowych lub białych jaj.

rodzina: jastrzębiowate

Błotniak stawowy

Circus aeruginosus

rząd: **szponiaste**

drapieżne, lęgowe, wędrowne

masa
600 g

długość ciała
50 cm

rozpiętość skrzydeł
140 cm

pożywienie
Żywi się żabami, gadami, małymi gryzoniami, rybami oraz jajami i pisklętami ptaków wodnych.

gniazdo i jaja
Gniazda z gałęzi buduje wśród trzcin lub na łąkach na ziemi, również w łanach zbóż. Składa 3–6 białawych lub niebieskawych jaj.

opis gatunku
Duży ptak wędrowny przypominający myszołowa. Charakteryzuje się ciemnobrązowym upierzeniem, brzuch ma rudawy odcień, głowa jest znacznie jaśniejsza, u samicy i młodych słomkowożółta. Skrzydła samca pośrodku są popielate, a przy końcu czarne.

występowanie
Zimuje w Afryce i na europejskich wybrzeżach Morza Śródziemnego. Najliczniej gniazduje na zachodzie i w północno-wschodniej Polsce, na obszarach bagiennych, w trzcinowiskach, nad nizinnymi zbiornikami wodnymi i na torfowiskach.

Bocian biały
Ciconia ciconia

rodzina: bocianowate

rząd: **bocianowe**

brodzące, lęgowe, wędrowne

opis gatunku

Jeden z największych ptaków brodzących z rodziny bocianowatych, z długimi czerwonymi nogami i czerwonym dziobem. Całe upierzenie ma białe, jedynie lotki są czarne. Wydaje charakterystyczny klekot.

występowanie

Zimuje w Afryce Równikowej i Wschodniej oraz w Indiach. Gniazduje na nizinnych, wilgotnych terenach wschodniej i całej Polsce oprócz terenów górskich.

masa

3–4 kg

długość ciała

100 cm

rozpiętość skrzydeł

200 cm

pożywienie

głównie owady, małe gryzonie, rzadko małe żaby i ryby

gniazdo i jaja

Gniazda wije z gałęzi i traw, zakłada je na dachach wiejskich domostw, wysokich słupach i drzewach. Samica znosi 3–5 jaj.

rzęd: bocianowe

rodzina: bocianowate

Bocian czarny

Ciconia nigra

brodzące, lęgowe, wędrowne

masa
3 kg

długość ciała
87 cm

rozpiętość skrzydeł
190 cm

pożywienie
żaby, ryby, owady, małe gryzonie

gniazdo i jaja
Gniazda zlokalizowane są na wysokich starych drzewach w głębi lasu i w sąsiedztwie bagien. Znosi 3–4 jaja.

opis gatunku
Całe upierzenie ptaka jest czarne z fioletowym, miedzianym i zielonym połyskiem. Jedynie pierś i brzuch są białe. Czerwony dziób ma lekko wygięty do góry, nogi również są czerwone. U młodych dziób jest zielonoszary, a nogi bladoróżowe. Rzadko spotykany w grupach.

występowanie
Zimuje w południowej i wschodniej Afryce oraz w południowej Azji. Jest rzadziej spotykany niż bocian biały. Występuje u nas na obszarze całego kraju, także w górach. Gniazduje w dzikich siedliskach z rozległymi starymi lasami i bagnami.

Bogatka
Parus major

rodzina: sikory

rząd: **wróblowe**

legowe, śpiewające, osiadłe, wędrowne

opis gatunku

Najpospolitszy ptak z rodziny sikor i największa z sikor występujących w Polsce. Ma czarną głowę, białe policzki i czarny pas schodzący w dół przez środek żółtego spodu ciała. U samca pas ten jest szerszy i mocno czarny. Często widywana jest w stadach mieszanych z innymi sikorami.

występowanie

Zamieszkuje parki i ogrody, gnieździ się też w lasach. Często pojawia się w pobliżu skupisk ludzkich. Spotykana w całym kraju. Bogatka to gatunek częściowo osiadły, a częściowo wędrowny. W mieszanych stadach przebywa zimą, w sezonie lęgowym jest terytorialna. Bogatki z reguły u nas zimują, bywa że pojawiaja się na zimę osobniki z Rosji i Skandynawii. Te sikorki, które u nas zimują, pozostają blisko ludzkich siedzib, natomiast te, które migrują, odlatują we wrześniu lub październiku na południe.

masa

20–21 g

długość ciała

14–16 cm

rozpiętość skrzydeł

22 cm

pożywienie

owady i ich jajeczka, oleiste nasiona i tłuszcze w karmnikach

gniazdo i jaja

Gniazda buduje w dziuplach drzew i zakamarkach krzewów. Może znieść 6–14 jaj.

rodzina: jaskółkowate

Brzegówka
Riparia riparia

rząd: **wróblowe**

legowe, śpiewające, wędrowne

masa
14 g

długość ciała
13 cm

rozpiętość skrzydeł
28 cm

pożywienie
owady związane ze środowiskiem wodnym

gniazdo i jaja
Buduje gniazda w norach wykopanych na głębokości około 1 m, po stromej stronie urwiska brzegu rzeki. Znosi 5–6 białych jaj.

opis gatunku
Jedna z najmniejszych jaskółek europejskich. Cały wierzch ma brązowoszary, bez granatowego połysku. Żyje w koloniach.

występowanie
Zimuje w Afryce Południowo-Wschodniej, w Indiach i Amazonii. Gnieździ się kolonijne w piaszczystych skarpach nad brzegami rzek, żwirowniach i klifie nad morzem. W Polsce występuje na obszarze całego kraju, poza górami, a najliczniej w naturalnych dolinach rzecznych.

Brzęczka
Locustella luscinioides

rodzina: świerszczaki

rząd: **wróblowe**

lęgowe, śpiewające, wędrowne

opis gatunku

Wierzch ciała jest brązowy z rudawoszarym odcieniem, spód jaśniejszy z jasną rudawopłową piersią, bokami i podogoniem. Ogon ma długi i zaokrąglony. O świcie i o zmierzchu często śpiewa z eksponowanych miejsc w trzcinach lub w krzakach.

występowanie

Zimuje w Afryce. W Polsce dość licznie rozpowszechniona na nizinach, spotkać ją można w rozległych trzcinowiskach, sitowiu i nad zarośniętymi brzegami zbiorników wodnych.

masa

15–16 g

długość ciała

14–15 cm

rozpiętość skrzydeł

18–21 cm

pożywienie

owady i larwy

gniazdo i jaja

Jej gniazda są nisko osadzone i ukryte wśród trzcin. Samica składa 4–6 jaj, które wysiaduje razem z samcem.

rodzina: pokrzewkowate

Cierniówka

Sylvia communis

rząd: **wróblowe**

lęgowe, śpiewające, wędrowne

masa
18 g

długość ciała
14 cm

rozpiętość skrzydeł
13 cm

pożywienie
owady i bezkręgowce

gniazdo i jaja
Gniazda wije nisko w cienistych krzewach z gałązek i włosia. Znosi 4–6 jaj.

opis gatunku

Na grzbiecie i skrzydłach ma brązowy odcień. Gardło jest białe, pierś natomiast płowa, a u dorosłego samca lekko różowa. Głowa ma barwę brązowoszarą, skrzydła natomiast rdzawobrązowe.

występowanie

Zimuje w Afryce Równikowej, na Półwyspie Arabskim, w środkowej Azji i w Indiach. W Polsce licznie występuje w śródpolnych zaroślach, w niskich kępach drzew oraz na terenach bezdrzewnych całego kraju.

Cietrzew

Lyrurus tetrix

rodzina: głuszcowate

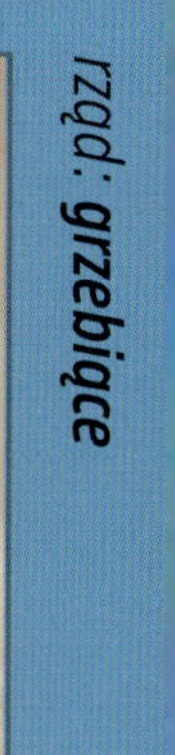

rząd: **grzebiące**

lęgowe, osiadłe

opis gatunku

Duży ptak. Samiec ma czarną barwę z niebieskim połyskiem, jego ogon ma kształt liry. Białe pręgi na skrzydłach są widoczne podczas startu. Samica oraz młode mają ciemnobrązowe upierzenie. Wiosną o świcie tokują w grupach na mokradłach lub torfowiskach. Podczas toków eksponują białe „lilie" tworzone przez pióra podogonia.

występowanie

W Polsce nieliczny lęgowo na północnym wschodzie i południu. Zamieszkuje skraje lasów iglastych, a także leśne polany i wrzosowiska.

masa

0,7–1,4 kg

długość ciała

45–62 cm

rozpiętość skrzydeł

72–95 cm

pożywienie

pąki i kotki drzew, jagody, nasiona, owady, dżdżownice i drobne ślimaki

gniazdo i jaja

Gniazda wygrzebuje płytko w ziemi, w trawie, wrzosie, pod osłoną krzewu lub małego drzewa. Znosi 6–14 jaj.

rodzina: siewkowate

Czajka

Vanellus vanellus

lęgowe, wędrowne

masa
130–330 g

długość ciała
28–34 cm

rozpiętość skrzydeł
66–76 cm

pożywienie
owady i małe bezkręgowce

gniazdo i jaja
Gniazda, wyściełane źdźbłami traw, buduje na podmokłych łąkach. Składa najczęściej 4 brązowożółte jaja w ciemne plamy.

opis gatunku

Znany ptak średniej wielkości z charakterystycznym szpiczastym czarnym czubem na głowie. Wierzch ciała i pas na piersi są czarne z zielonkawym połyskiem. Ogon jest czarno-biały, a pióra podogonowe czerwono-brązowe. Samica ma białe plamki wokół dzioba i na gardle. Podczas lotów tokowych czajka koziołkuje w powietrzu, wydając głośne okrzyki. Podobnie zachowuje się, gdy coś zagraża jej gniazdu.

występowanie

Zimuje w południowo-zachodniej Europie, basenie Morza Śródziemnego i w północnej Afryce. Pierwsza zwiastuje u nas wiosnę i pierwsza od nas odlatuje na zimowiska. Spotykana w całym kraju z wyjątkiem gór. Zamieszkuje tereny podmokłe, brzegi zbiorników wodnych i pola uprawne.

Czapla biała
Ardea alba

rodzina: czaplowate

rząd: **czaplowe**

brodzące, lęgowe, wędrowne

opis gatunku

Duży rzadki ptak lęgowy. Dziób ma czarny z żółtą nasadą (w okresie lęgowym) lub cały żółty (przez resztę roku). Golenie są czerwonawe lub żółtobrązowe, ciemniejsze w okresie lęgowym.

występowanie

Zimuje w Europie Zachodniej i Południowej. W Polsce spotkać ją można nad Biebrzą, w dolinie Nidy, w Parku Narodowym Ujście Warty i na południu kraju. Gniazduje w koloniach nad brzegami zbiorników wodnych, na terenach zalewowych i bagnach.

masa

1–1,65 kg

długość ciała

90–95 cm

rozpiętość skrzydeł

1,7 m

pożywienie

małe ryby i inne zwierzęta wodne, również owady

gniazdo i jaja

Gniazda buduje nisko w trzcinach, niekiedy również na drzewach. Znosi 2–5 jaj.

rodzina: czaplowate

Czapla siwa

Ardea cinerea

rząd: czaplowe

brodzące, lęgowe, wędrowne

masa
1,5 kg

długość ciała
90–98 cm

rozpiętość skrzydeł
170–180 cm

pożywienie
małe ryby, płazy, gady, myszy, ślimaki, skorupiaki

gniazdo i jaja
Zwykle z cienkich gałązek buduj na gałęzich drzew, rzadziej w trzcinach. Składa 1–6 jaj.

opis gatunku

Najpospolitsza z europejskich czapli. Charakteryzuje się szarobiało-czarnym upierzeniem. Na białej szyi widoczne jest czarne kreskowanie. Wierzch jest popielaty, natomiast skrzydła i czub na głowie czarne. Stojąc nieruchomo w płytkiej wodzie, czeka na przepływającą ofiarę. W locie szyję ma zawsze wygiętą, a skrzydła ułożone pałąkowato.

występowanie

Zimuje w Europie i Afryce. W Polsce liczniej spotkać ją można na północy i zachodzie kraju, w ogóle nie występuje w górach. Podczas łagodnych zim część osobników pozostaje na zachodzie kraju. Gniazduje nad zbiornikami wodnymi, nad brzegami rzek, na terenach podmokłych lub nad morzem, najczęściej w koloniach, tworząc tak zwane czaplińce.

Czeczotka

Acanthis flammea

rodzina: łuszczaki

rząd: **wróblowe**

lęgowe, osiadłe, wędrowne

opis gatunku

Ptak ten ma charakterystyczne czerwone czoło i czarny podbródek. Na skrzydłach ma dwie białe pręgi. Dorosłe samce są jasnoczerwone na piersi i kuprze.

występowanie

W Polsce regularnie zimuje, gniazduje w Tatrach i Karkonoszach, w niewielu miejscach spotykana nad Bałtykiem. Podczas wędrówek i zimą spotykana także w całym kraju w zwartych stadach na brzozach i olchach.

masa

12 g

długość ciała

13 cm

rozpiętość skrzydeł

22–25 cm

pożywienie

nasiona drzew liściastych – głównie brzozy i olchy; latem również owady

gniazdo i jaja

Gniazdo, z mchu i porostów, wyściełane sierścią, wije nisko na brzozach i krzewach.

rodzina: kaczkowate

Czernica

Aythya fuligula

rząd: blaszkodziobe

wodne, lęgowe, wędrowne

masa
0,5–1,4 kg

długość ciała
40–47 cm

rozpiętość skrzydeł
72 cm

pożywienie
rośliny wodne, małże i ślimaki

gniazdo i jaja
Gniazdo ze źdźbeł zmieszanych z puchem wije tuż przy wodzie, w trzcinach i wysokich trawach. Znosi 6–14 jaj.

opis gatunku

Jest mniejsza od domowej kaczki, z tyłu głowy zwisa czub, znacznie krótszy u samicy. Kaczor jest czarny, jedynie boki i spód ma białe. Samica jest brązowa, wokół dzioba ma białą obwódkę. Oczy obydwu płci są żółte, a koniec dzioba czarny. Czernica obok głowienki należy do najliczniejszych spośród kaczek nurkujących czyli grążyc. Jest szybko latająca i najliczniej lęgowa. Poza sezonem lęgowym gromadzi się w dużych stadach.

występowanie

W Polsce zimuje nad Bałtykiem i nad większymi rzekami na zachód od Wisły. Występuje i gniazduje na całym niżu, na stawach hodowlanych, jeziorach z zarośniętymi brzegami. W parkach jest ptakiem oswojonym.

Czyż
Spinus spinus

rodzina: łuszczaki

rząd: **wróblowe**

lęgowe, śpiewające, wędrowne

opis gatunku

Ptak ten ma zielonkawe upierzenie w cętki. Boki ogona i paski na skrzydłach są żółte. Samiec ma czarne czoło i podbródek oraz żółtą pierś. Samica jest brązowawa. W Polsce jest gatunkiem średnio licznym lęgowo i zimującym. Poza sezonem lęgowym gromadzi się w duże stada. Żeruje na gałęziach brzóz i olch, zwisając do góry nogami.

występowanie

Zamieszkuje lasy iglaste i mieszane w górach oraz na północnym wschodzie. Najłatwiej zobaczyć go zimą, wówczas wraca ze Skandynawii i północnej Rosji. Zimuje w całym kraju.

masa

13 g

długość ciała

12 cm

rozpiętość skrzydeł

21 cm

pożywienie

drobne owady, nasiona brzozy i olchy

gniazdo i jaja

Gniazda budowane są przez parę na drzewach iglastych – dobrze ukryte, utkane ze źdźbeł i mchu. Składa 4–6 jaj.

rodzina: chruściele

Derkacz

Crex crex

lęgowe, wędrowne

masa
120–160 g

długość ciała
24–29 cm

rozpiętość skrzydeł
40–50 cm

pożywienie
owady, pająki, ślimaki, nasiona traw i chwastów

gniazdo i jaja
Jego gniazda są ukryte wśród traw lub zbóż, zagłębione w ziemi, wyściełane źdźbłami. Znosi 8–14 jaj.

opis gatunku

Jest mniejszy od kuropatwy, ale bardzo do niej podobny ze względu na kremowo-brązowe upierzenie. Skrzydła mają barwę rdzawobrązową, jest to szczególnie widoczne w locie. Jego głos jest twardy i donośny. Derkacza prawie nie sposób zauważyć, przed niebezpieczeństwem ucieka na piechotę, a nie latając. Należy do skrytych ptaków i nie spotyka się go na odsłoniętym terenie, zobaczyć go można jedynie w przelocie.

występowanie

Zimuje w Afryce na południe od Sudanu. W Polsce występuje w całym kraju – także w górach, liczniej na północy i wschodzie. Zasiedla wilgotne i podmokłe łąki z wysoką roślinnością trawiastą, pastwiska i żyzne tereny uprawne.

Drozd obrożny
Turdus torquatus

rodzina: drozdowate

rząd: **wróblowe**

lęgowe, wędrowne

opis gatunku

Czarny samiec ma na piersi dużą białą tarczę w kształcie półksiężyca. Szarobrązowa tarcza na piersi samicy jest mniej wyraźna. U młodych plamka jest bardzo mała i występuje tylko pod dziobem. Jaśniejsze brzegi piór tworzą łuskowate upierzenie.

występowanie

Zimuje na Bliskim Wschodzie, w rejonie Morza Śródziemnego i w północnej Afryce. W Polsce najliczniej zamieszkuje górskie lasy i mokradła, kosodrzewinę w Tatrach. Rzadziej spotykany w Bieszczadach i bardzo nielicznie w wyższych partiach Sudetów.

masa

110 g

długość ciała

23–27 cm

rozpiętość skrzydeł

42 cm

pożywienie

owady, dżdżownice, ślimaki, jagody

gniazdo i jaja

Buduje na niskich partiach drzew i krzewów koszyczkowate gniazda z korzonków, źdźbeł i mchu. Składa 4–6 jaj.

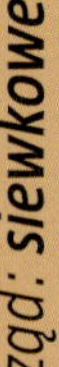

rodzina: bekasowate

Dubelt (bekas dubelt)

Gallinago media

lęgowe, wędrowne

masa
180–250 g

długość ciała
26–30 cm

rozpiętość skrzydeł
43–50 cm

pożywienie
robaki, larwy owadów, chrząszcze

gniazdo i jaja
Gniazda, wyściełane źdźbłami, ukryte wśród traw, buduje w dołku na łące.

opis gatunku

Wierzch głowy ma ciemnobrązowy z szerokimi jasnymi smugami na środku głowy i nad oczami. Charakteryzuje się brązowym upierzeniem z ciemnobrązowymi plamami. Spód jest jaśniejszy z ciemnym prążkowaniem. Koniec brązowego dzioba jest czarny. Dwie pary zewnętrznych sterówek są od połowy białe. Biel ogona jest widoczna podczas lotu.

występowanie

Zimuje w subsaharyjskiej Afryce. U nas gniazduje na bagnach, torfowiskach i podmokłych łąkach wschodniej i północno-wschodniej Polski. Zasiedla skraje lasów i pól lub łąk. W czasie przelotów spotykany w całym kraju.

Dudek
Upupa epops

rodzina: **dudki**

rząd: **kraskowe**

łęgowe, wędrowne

opis gatunku

Ma rudawopłowe upierzenie, z biało-czarnym prążkowaniem na skrzydłach i ogonie, długi dziób, a na głowie czub rozkładany po wylądowaniu niczym wachlarz.

występowanie

Zimuje w Afryce na południe od Sahary oraz w rejonie Morza Śródziemnego. W Polsce występuje na obszarach nizinnych. Jest związany z terenami rolniczymi, zasiedla rozległe polany w zwartych kompleksach lasów mieszanych i liściastych.

masa

55–58 g

długość ciała

26–28 cm

rozpiętość skrzydeł

42–46 cm

pożywienie

głównie owady i ich larwy, m.in. chrabąszcze i pasikoniki.

gniazdo i jaja

Gniazduje w dziuplach drzew, załomach murów, w szczelinach skalnych i pod kamieniami. Znosi 4–9 jaj.

rzad: **wróblowe**

rodzina: jaskółkowate

Dymówka
Hirundo rustica

lęgowe, śpiewające, wędrowne

masa
16–21 g

długość ciała
17–23 cm

rozpiętość skrzydeł
35 cm

pożywienie
drobne owady

gniazdo i jaja
Gniazdo, przylepione do ściany, zazwyczaj wewnątrz budynków gospodarczych, buduje w kształcie półkuli z błota i słomy.

opis gatunku

Kuper i cały grzbiet ma czarny z granatowym połyskiem. Nad i pod dziobem ma brązowo-czerwoną plamę. Podbródek ma cały ciemny. Większość czasu spędza w powietrzu, lata zwinnie, rzadko można ją spotkać siedzącą na ziemi. Gniazduje w pojedynczych parach lub luźnych koloniach.

występowanie

Zimuje w południowo-wschodniej Azji, subsaharyjskiej Afryce i w Ameryce Północnej. Występuje licznie na obszarze całej Polski. Najczęściej gniazduje na terenach wiejskich i na obrzeżach miast, w pobliżu domostw ludzkich.

Dzięcioł białogrzbiety
Dendrocopos leucotos

rodzina: dzięciołowate

rząd: **dzięciołowe**

lęgowe, osiadłe

opis gatunku

Dolna część jego grzbietu oraz kuper są białe. Ma czerwoną plamę pod ogonem, która rozlewa się łagodnie po brzuchu. Łatwo zauważalne są szerokie białe poprzeczne pręgi. Samiec ma ciemnoczerwone ciemię, samica – czarne. Silnym dziobem robi w spróchniałym drewnie głębokie stożkowe dziury.

występowanie

Spotykany jest w Polsce na południu i na wschód od Wisły. Występuje w Puszczy Białowieskiej, w dolinie Biebrzy, Puszczy Augustowskiej, Puszczy Knyszyńskiej oraz bardzo nielicznie w Bieszczadach i Beskidach. Gniazduje w lasach mieszanych na terenach wilgotnych.

masa

100 g

długość ciała

25–26 cm

rozpiętość skrzydeł

44–45 cm

pożywienie

owady i nasiona

gniazdo i jaja

Gniazdo buduje kilka metrów nad ziemią w próchniejącym pniu brzozy, jesionu lub buka. Składa 3–5 jaj.

rodzina: dzięciołowate

Dzięcioł średni

Dendrocopos medius

rząd: dzięciołowe

lęgowe, osiadłe

masa
54–85 g

długość ciała
20–22 cm

rozpiętość skrzydeł
29–39 cm

pożywienie
owady, zimą nasiona; wiosną spija sok z klonów

gniazdo i jaja
Zamieszkuje dziuple wykute w zmurszałym pniu, najczęściej dębowym. Składa 5–7 jaj.

opis gatunku

Na skrzydłach ma duże białe plamy, ciemię ma całe czerwone, u samic trochę mniej jaskrawe. Boki jego ciała są prążkowane, a podogonie bladoróżowe. Ma stosunkowo słaby dziób, używa go raczej do wydłubywania niż do kucia.

występowanie

W Polsce występuje nierównomiernie niemal na całym obszarze, poza górami. Spotkać go można w starych lasach liściastych z drzewami o spękanej korze, w starych parkach z drzewami martwymi i obumierającymi.

Dzięcioł trójpalczasty
Picoides tridactylus

rodzina: dzięciołowate

rząd: **dzięciołowe**

łęgowe, osiadłe

opis gatunku

Ma ciemną głowę z białymi policzkami, boki natomiast szare. Przez grzbiet przebiega biały pas. Samiec ma złoto-żółte ciemię, z kolei samica czarno-biało cętkowane. Żeruje dość nisko. Aby dostać się do soków drzewa, robi niewielkie dziury w postaci pierścienia wokół pnia dużych świerków i sosen.

występowanie

Nielicznie występuje na północnym wschodzie, głównie w Puszczy Białowieskiej, Boreckiej, Augustowskiej i Knyszyńskiej, a na południu Polski w Karpatach. Spotkać go można w lasach iglastych ze starym drzewostanem świerkowym i jodłą oraz w lasach mieszanych.

masa

65 g

długość ciała

23 cm

rozpiętość skrzydeł

39 cm

pożywienie

owady i ich larwy, mrówki

gniazdo i jaja

Wykuwa w drzewie iglastym, na znacznej wysokości dziuplę. Składa 4–5 jaj.

rzqd: dzięciołowe

rodzina: dzięciołowate

Dzięcioł zielonosiwy
Picus canus

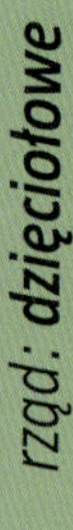

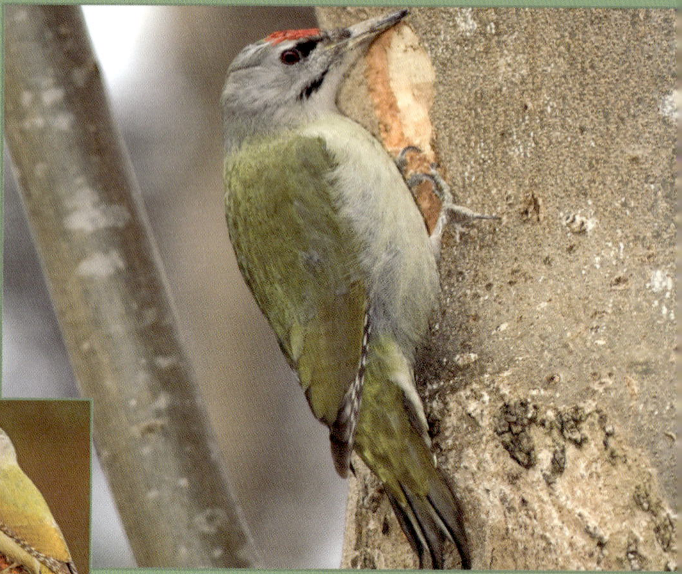

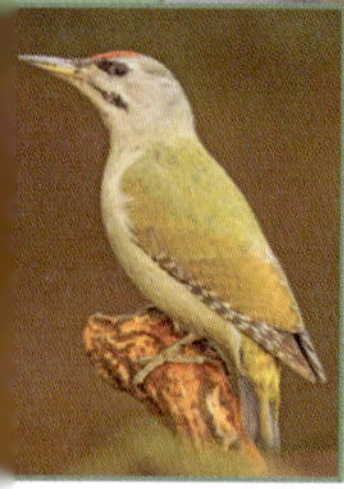

lęgowe, osiadłe

masa
100–145 g

długość ciała
29 cm

rozpiętość skrzydeł
46 cm

pożywienie
owady i ich larwy, mrówki

gniazdo i jaja
Dziuple lęgowe wykłuwa bardzo nisko w twardych pniach dębu, brzozy lub buka. Znosi 5–8 jaj.

opis gatunku
Charakteryzuje się zielonym upierzeniem, jedynie kantarek i pasek policzkowy są czarne. Ma niezbyt długi dziób. Na głowie samca, z przodu ciemienia, widnieje czerwona plama. Samica głowę ma całą szarą.

występowanie
Nielicznie występuje we wschodniej Polsce i na Śląsku. Zamieszkuje stare lasy liściaste oraz mieszane, polne zagajniki, parki, ogrody i z reguły tereny o niewielkich wzniesieniach.

Dzięciołek
Dendrocopos minor

rodzina: dzięciołowate

rząd: **dzięciołowe**

lęgowe, osiadłe

opis gatunku

To najmniejszy z europejskich dzięciołów, nazywany także dzięciołem małym. Grzbiet ma prążkowany na biało. Podogonie i podbrzusze nie ma czerwonego odcienia. Samiec ma czerwoną czapeczkę na głowie, samica – czarną. Jako najsłabszy gatunek dzięcioła preferuje drzewa o miękkim drewnie.

występowanie

W Polsce to ptak średnio licznie występujący, zwykle na terenach nizinnych, unika wysokich gór. Spotkać go można w starszych lasach mieszanych i liściastych, w parkach oraz w przydomowych ogrodach.

masa

26 g

długość ciała

16 cm

rozpiętość skrzydeł

28–39 cm

pożywienie

owady, zwłaszcza chrząszcze, zimą nasiona

gniazdo i jaja

Dziuplę wykuwa w miękkim drewnie drzewa liściastego. Składa 5–6 jaj.

rzÄ…d: **wróblowe**

rodzina: Å‚uszczaki

Dzwoniec
Chloris chloris

lęgowe, śpiewające, osiadłe

masa
28 g

długość ciała
15 cm

rozpiętość skrzydeł
27 cm

pożywienie
nasiona chwastów i świeże pędy roślin

gniazdo i jaja
Gniazdo buduje z korzonków, mchu i źdźbeł na krzewach lub w koronach drzew. W środku wyściełane jest sierścią i pierzem. Składa 4–6 jaj.

opis gatunku
Ptak wielkości wróbla z masywnym dziobem. Samiec ma żółtawozielony spód i zielonkawy wierzch ciała, latem kolory upierzenia stają się bardziej jaskrawe. Upierzenie samicy jest szarawozielone, młode z kolei mają cętki.

występowanie
To pospolity ptak, spotkać go można w parkach, na obrzeżach lasów, wzdłuż dróg i śródpolnych zadrzewień. W Polsce występuje niemal w całym kraju, chociaż bardzo nierównomiernie. Chętnie gniazduje w pobliżu ludzkich osad, śpiewa, gwiżdżąc z eksponowanego miejsca.

Edredon
Somateria mollissima

rodzina: kaczkowate

rząd: ***blaszkodziobe***

wodne, sporadycznie lęgowe, wędrowne

opis gatunku

Największa kaczka nurkująca, charakterystyczny jest dla niej jasnoszary, zaostrzony, klinowaty dziób. Samiec ma biały wierzch ciała, czubek głowy i spód ciała są czarne, kark i boki szyi jasnozielone, a pierś ma łososioworóżowy nalot. Późnym latem szata staje się ciemnobrązowa z białym przodem skrzydeł. Samica jest brązowo prążkowana.

występowanie

W Polsce spotykane na wybrzeżu morskim, gdzie część z nich zimuje, rzadziej widziane w głębi kraju. Gnieździ się w koloniach liczących po kilka tysięcy par.

masa

1,2–2,2 kg

długość ciała

50–71 cm

rozpiętość skrzydeł

110 cm

pożywienie

morskie mięczaki, skorupiaki, glony

gniazdo i jaja

Gniazda buduje wśród kamieni, krzewów lub traw w pobliżu wody, wyściełane są puchem. Składa 4–12 jaj.

rodzina: kaczkowate

Gągoł

Bucephala clangula

rząd: blaszkodziobe

wodne, wędrowne

masa
0,4–1,4 kg

długość ciała
45–50 cm

rozpiętość skrzydeł
75 cm

pożywienie
mięczaki, skorupiaki, owady, pędy roślin wodnych i nasiona

gniazdo i jaja
Gnieździ się w dziupli w spuchniętym pniu wyściełanym trocinami i puchem. Składa 4–14 jaj.

opis gatunku

Ma dużą trójkątną głowę i białe plamy na skrzydłach. Samiec w porze godowej jest czarno-biały, z czarną głową, pod okiem ma białą plamę. Boki ciała są białe. Samica ma brązową głowę, szarą pierś z białą obwódką na szyi.

występowanie

Zimuje na wybrzeżach oceanów Atlantyckiego, Indyjskiego i Pacyfiku, w środkowej Azji oraz zachodniej i południowej Europie. W Polsce spotykany zimą i w czasie wędrówek na wybrzeżu Bałtyku, nad większymi jeziorami, nad rzekami oraz przy ich ujściach.

Gęgawa
Anser anser

rodzina: kaczkowate

rząd: **blaszkodziobe**

wodne, lęgowe, wędrowne

opis gatunku

Przodek gęsi domowej, najcięższa z gęsi. Ma szare upierzenie, na głowie i przedniej części skrzydeł jest ono bardziej popielate. Lotki i duże pokrywy skrzydeł są ciemnoszare. Nogi i duży dziób są jasnoróżowe, koniec dzioba biały, u młodych osobników ciemny. Pary dobierają się na całe życie.

występowanie

Zimuje w basenie Morza Śródziemnego oraz w środkowej i południowej Azji. U nas spotykana niemal w całym kraju. Gniazduje na obszarach wodnych, na jeziorach, stawach, starorzeczach, w dolinach rzecznych w miejscach trudno dostępnych.

masa

2,5–6 kg

długość ciała

83–98 cm

rozpiętość skrzydeł

160 cm

pożywienie

liście i pędy roślin, nasiona, kłącza roślin dzikich i uprawnych

gniazdo i jaja

Z pędów trzcin i sitowia wije obszerne gniazdo, zlokalizowane w skupiskach starej trzciny. Znosi 2–20 jaj.

rząd: **blaszkodziobe**

rodzina: kaczkowate

Gęś białoczelna
Anser albifrons

wodne, wędrowne

masa
1,4–3,3 kg

długość ciała
66–68 cm

rozpiętość skrzydeł
118 cm

pożywienie
zielone i miękkie części roślin lądowych i ich nasiona

gniazdo i jaja
Samica z traw mchu i puchu buduje gniazdo na lekkim wzniesieniu. Często gniazduje w koloniach.

opis gatunku
Gęś tę wyróżnia białe czoło przy nasadzie dzioba. Ma szarobrązowe upierzenie, na jaśniejszym spodzie widnieją czarne poprzeczne pręgi. Na końcu pomarańczowego dzioba ma biały paznokieć.

występowanie
Zimuje w południowej Europie, Azji Środkowej i Ameryce Środkowej. W Polsce licznie widziana podczas przelotów, zwłaszcza na zachodzie i północy kraju wzdłuż wybrzeża Bałtyku. Podczas łagodniejszych zim licznie występuje w zachodniej Polsce, m.in. w Rezerwacie Słońsk u ujścia Warty. Wędruje daleko z lęgowisk na zimowiska, przelatując corocznie tysiące kilometrów.

Gęś zbożowa
Anser fabalis

rodzina: kaczkowate

rząd: **blaszkodziobe**

wodne, wędrowne

opis gatunku

Ma szarobrązowe upierzenie, głowa, szyja i grzbiet są ciemniejsze. Na czarnym dziobie widoczna jest pomarańczowa przepaska. Nogi również są pomarańczowe. Podczas wędrówek leci w dużych kluczach.

występowanie

Zimuje na terenach pokrytych niską roślinnością zielną północnej i zachodniej Europy. W czasie łagodniejszych zim zimuje lokalnie także w zachodniej Polsce. To najliczniej pojawiający się gatunek gęsi w naszym kraju w czasie wędrówek. Spotkać ją można na jeziorach, bagnach i terenach podmokłych oraz w starorzeczach.

masa

2–3,5 kg

długość ciała

75–82 cm

rozpiętość skrzydeł

160 cm

pożywienie

trawy i rośliny wodne

gniazdo i jaja

Gniazda buduje w pobliżu wody w zagłębieniach w ziemi, wyściełane puchem, mchem i źdźbłami. Znosi 3–8 jaj.

rodzina: łuszczaki

Gil

Pyrrhula pyrrhula

rząd: wróblowe

lęgowe, śpiewające, wędrowne, zimujące

masa
25 g

długość ciała
17 cm

rozpiętość skrzydeł
27 cm

pożywienie
owady, jagody, nasiona, m.in. jarzębiny i leśnych drzew

gniazdo i jaja
Gniazdo buduje z korzonków, drobnego chrustu, mchu i liści na niskim drzewie iglastym. Składa 4–5 jaj.

opis gatunku

Jeden z ładniejszych ptaków z rodziny łuszczaków, troszkę większy od wróbla. Ma krótki masywny dziób, czarną czapkę na głowie i szary grzbiet. Pręga na skrzydle i kuper są barwy białej. Samiec jest na piersi jaskrawoczerwony, samica szarawobrązowa. Wierny w parach, ale zimą można spotkać go w stadach.

występowanie

Częściej spotykamy gila w zimie, gdy przylatuje ze Skandynawii. W Polsce gniazduje niezbyt licznie na obszarze całego kraju. Występuje w lasach mieszanych, parkach, ogrodach i w sadach.

Głowienka (kaczka rdzawogłowa)
Aythya ferina

rodzina: kaczkowate

rząd: **blaszkodziobe**

wodne, lęgowe, wędrowne

opis gatunku

Kaczor w szacie godowej ma rdzawobrązowe głowę i szyję, wole i ogon czarne. Grzbiet jest białawy. Samica ma brązowe ubarwienie, z jaśniejszymi szarymi plamami na bokach. Kaczki często podrzucają sobie nawzajem jaja do gniazd.

występowanie

Średniej wielkości ptak z rodziny kaczkowatych zimujący nad Morzem Śródziemnym, w Azji Południowej, na Bliskim Wschodzie oraz w subsaharyjskiej Afryce. Najczęściej spotykany w gęsto zarośniętych zbiornikach wodnych.

masa

0,7–1,1 kg

długość ciała

48–55 cm

rozpiętość skrzydeł

75 cm

pożywienie

młode pędy, pączki, kłącza roślin wodnych, owady, mięczaki i inne drobne zwierzęta

gniazdo i jaja

Gniazda buduje tuż przy wodzie, ukryte są w trzcinie, wyściełane źdźbłami zmieszanymi z puchem. Składa 6–15 jaj.

rodzina: głuszcowate

Głuszec

Tetrao urogallus

rząd: **grzebiące**

lęgowe, osiadłe

masa

2,5 kg samica, 6,5 kg samiec

długość ciała

65 cm samica, 100 kg samiec

rozpiętość skrzydeł

38–135 cm

pożywienie

nasiona, młode pędy, igliwie, owady, ślimaki, jagody, żołędzie

gniazdo i jaja

Gniazdo buduje w płytkim zagłębieniu, pokrytym liśćmi i igliwiem, w miejscu osłoniętym korzeniami i wysokimi trawami.

opis gatunku

Samiec wyraźnie różni się od samicy wielkością oraz barwami upierzenia. Samiec ma ubarwienie szare, czarne i brązowe, a ogon duży i zaokrąglony. Samica jest znacznie mniejsza, ciemnobrązowa z kasztanową tarczą na piersi. W kwietniu rozpoczynają w lesie toki w luźnych grupach. Wieczorami słychać beczące głosy i wrzaski.

występowanie

Żyje w starych drzewostanach iglastych, w górach żyje w świerczynach, na śródleśnych polanach i w pobliżu torfowisk. Nielicznie spotykany na południu Polski, głównie w górach oraz w dużych kompleksach leśnych na północy i wschodzie kraju.

Grubodziób
Coccothraustes coccothraustes

rodzina: łuszczaki

rząd: **wróblowe**

śpiewające, lęgowe, osiadłe, zimujący

opis gatunku

Jego masywny dziób jest przystosowany do rozłupywania pestek i twardych nasion, co robi z ogromną siłą. Kolor dzioba zmienia się zależnie od pory roku – niebieskawo szary jest w sezonie lęgowym, żółtawobiały w pozostałym okresie. Ogon jest krótki, na skrzydłach łatwo zauważalny biały pas. Samica ma mniej intensywne barwy.

występowanie

Gniazduje w lasach liściastych i mieszanych, w dużych ogrodach i sadach. W Polsce spotykany przez cały rok.

masa

50 g

długość ciała

18 cm

rozpiętość skrzydeł

30 cm

pożywienie

nasiona drzew liściastych, pestki drobnych odmian wiśni i czereśni, latem owady

gniazdo i jaja

Buduje gniazda z drobnego chrustu, źdźbeł i korzonków, wyłożone włosiem, na drzewach liściastych. Składa 3–6 jaj.

rzgąd: gołębiowe

rodzina: gołębiowate

Grzywacz
Columba palumbus

lęgowe, wędrowne

masa
400–600 g

długość ciała
43 cm

rozpiętość skrzydeł
75 cm

pożywienie
nasiona drzew i chwastów, żołędzie, jagody i drobne ślimaki

gniazdo i jaja
Buduje gniazda ułożone z gałązek, płytkie i przejrzyste, osadzone dość wysoko na drzewie. Znosi zazwyczaj 2 jaja.

opis gatunku
Największy z występujących u nas dzikich gołębi. Na skrzydle ma białą pręgę. U dorosłych osobników na grzywie, po bokach szyi widać białą plamę. Na brzegach skrzydeł ma białą poprzeczną pręgę. Poza sezonem lęgowym widywany jest w stadach.

występowanie
Zimuje w północnej i wschodniej Europie oraz zachodniej Azji. Widoczny na terenie całej Polski, częściej spotykany na zachodzie kraju. Miejscem jego występowania są różnego typu lasy, parki, ogrody, coraz częściej spotykany jest w krajobrazie rolniczym.

Jarząbek
Tetrastes bonasia

rodzina: głuszcowate

rząd: grzebiące

lęgowe, osiadłe

opis gatunku

Różnice w upierzeniu obydwu płci są niewielkie. Pióra ma upstrzone w dość duże brązowe i szare plamy. Samiec ma czub na głowie i czarne podgardle, ogon zaokrąglony, przy końcu czarny z jaśniejszą obwódką. To typowo leśny ptak, niezwykle trudny do wykrycia. Żyje w parach.

występowanie

W Polsce występuje w górach i na północnym wschodzie kraju. Spotykany w starych lasach liściastych i mieszanych z gęstym podszyciem i o bogatym runie.

masa

350–500 g

długość ciała

38–48 cm

rozpiętość skrzydeł

56–60 cm

pożywienie

pąki i kotki drzew, jagody, nasiona, owady, dżdżownice i drobne ślimaki

gniazdo i jaja

Buduje gniazda na ziemi pod osłoną krzewów i korzeni drzew. Składa 8–16 jaj.

rodzina: pokrzewkowate

Jarzębatka
Sylvia nisoria

rząd: ***wróblowe***

lęgowe, śpiewające, wędrowne

masa
30 g

długość ciała
6 cm

rozpiętość skrzydeł
27 cm

pożywienie
owady, ich larwy i poczwarki, jagody

gniazdo i jaja
Gniazda buduje nisko na krzewach, usłane z drobnego chrustu i suchych źdźbeł. Składa 3–5 jaj.

opis gatunku

Największy przedstawiciel ptaków z rodziny pokrzewkowatych. Ma ciemnopopielate upierzenie z jasnoszarym, falistym, poprzecznie prążkowanym spodem. Oczy ma jasnożółte. Końcówki piór na skrzydłach są białe, przez co tworzą łuseczkowate upierzenie. Śpiew jarzębatki przypomina długi melodyjny świergot.

występowanie

Zimuje we wschodniej Afryce. W Polsce należy do nielicznych ptaków lęgowych na niżu. Zamieszkuje kępy gęstych krzewów z bujną roślinnością na polach i łąkach, jak również nadrzeczne łąki.

Jemiołuszka

Bombycilla garrulus

rodzina: jemiołuszki

wędrowne, zimujące

opis gatunku

Jemiołuszkę charakteryzuje długi czubek na głowie skierowany do tyłu – rozkładany jest w razie niepokoju. Ma brązowo-szare upierzenie. Okolice oka, podgardle i lotki pierwszego rzędu są czarne. Dorosłe osobniki mają żółty i biały wzór na końcach lotek pierwszorzędowych. Czub na głowie i lotki ramieniowe zakończone są czerwonymi płytkami. Koniec ogona jest żółty.

występowanie

Gnieździ się na Dalekiej Północy w lasach iglastych. W Polsce zimuje tylko nielicznie, jednak w czasie przelotów spotykany w całym kraju. Zamieszkuje parki, ogrody, skupiska drzew, a także okolice siedzib ludzkich. Najczęściej spotykany w stadach na drzewach, które rodzą owoce.

masa

55 g

długość ciała

18–21 cm

rozpiętość skrzydeł

35 cm

pożywienie

owady, zimą jagody

gniazdo i jaja

Gniazda buduje na niskich drzewach iglastych, usłane są z korzonków, źdźbeł, mchu i porostów. Składa 4–5 jaj.

rzqd: żurawiowe

rodzina: chruściele

Kokoszka

Gallinula chloropus

wodne, lęgowe, wędrowne

masa
170–490 g

długość ciała
28–40 cm

rozpiętość skrzydeł
50–55 cm

pożywienie
owady, ślimaki, małże, dżdżownice, młode pędy roślin, nasiona, jagody

gniazdo i jaja
Gniazdo buduje w pobliżu wody, na ziemi lub na niskich krzewach. Składa 5–11 jaj.

opis gatunku

Rozpoznawalna dzięki blaszce skórnej oraz dziobie w kolorze czerwonym. Koniec dzioba jest natomiast żółty. Wierzch ciała i skrzydła są oliwkowobrązowawe, zaś pokrywy podogonowe białe. Na boku ciała widoczny jest biały pas biegnący równolegle do dolnego brzegu skrzydeł. Zielone nogi zakończone są czerwoną „podwiązką" powyżej stawu.

występowanie

Zimuje w basenie Morza Śródziemnego, w subsaharyjskiej Afryce, na Bliskim Wschodzie i w Azji Południowej, nielicznie także u nas. W Polsce także nieliczny jako ptak lęgowy. Występuje w całym kraju poza górami, na obrzeżach różnego typu zbiorników wodnych, na mokradłach i w starorzeczach.

Kopciuszek
Phoenicurus ochruros

rodzina: muchołówkowate

rząd: **wróblowe**

lęgowe, śpiewające, wędrowne

opis gatunku

Ptak ten jest podobny do pleszki przez rudy ogon, jednak ma nieco ciemniejsze ubarwienie. Samiec oprócz ogona jest cały czarny, jedynie zauważalna jest biała wstawka na skrzydłach. W szacie spoczynkowej ma szary grzbiet, kark, wierzch głowy i boki, przód głowy, gardło i pierś są czarne. Samica ma jaśniejsze, szarawe upierzenie.

występowanie

Średnio licznie występuje na terenie całego kraju. Zimuje w zachodniej i centralnej Europie i bardzo nielicznie także u nas. Zamieszkuje tereny kamieniste, kamieniołomy, ruiny z dostępem do otwartych terenów zielonych, a także tereny mocno zurbanizowane.

masa

14–18 g

długość ciała

14–16 cm

rozpiętość skrzydeł

23–26 cm

pożywienie

owady, zwłaszcza muchy

gniazdo i jaja

Gniazda budowane są w szczelinach skalnych i szczelinach budynków lub w stosach desek, uwite ze źdźbeł i korzonków.

rzad: głuptakowe

rodzina: kormorany

Kormoran zwyczajny (kormoran czarny)

Phalacrocorax carbo

lęgowe, osiadłe, węgrowne

masa
1,6–3,6 kg

długość ciała
90–91 cm

rozpiętość skrzydeł
140 cm

pożywienie
głównie ryby

gniazdo i jaja
Gniazda buduje na drzewach, nad słodkimi wodami, uwite są z gałązek i roślin wodnych. Składa 3–4 jaja.

opis gatunku

Kormoran jest czarny z metalicznym połyskiem, jedynie poliki ma białe, w szacie spoczynkowej na udzie widać białą plamę. Nurkuje pod wodą do 3 m głębokości, gdy wypatrzy ofiarę. W czasie przelotów kormoranów zaobserwować można na niebie charakterystyczny klucz w kształcie litery „V". Gniazduje kolonijnie. Wiek można rozpoznać po kolorze źrenicy – szmaragdowozielona u dorosłego, brązowa u młodego.

występowanie

Występuje w Polsce nizinnej, zarówno przy słodkich, jak i przy słonych zbiornikach wodnych obfitujących w ryby. Najczęściej można go spotkać na Mazurach i na Pomorzu.

Kos
Turdus merula

rodzina: drozdy

rząd: **wróblowe**

legowe, śpiewające, wędrowne

opis gatunku

Samiec ma czarne upierzenie i intensywnie żółty dziób, który ciemnieje na jesieni, oraz żółtą obwódkę wokół oka. Samica jest ciemnobrązowa z brązowym dziobem, który tylko u podstawy jest żółty. Samiec pięknie śpiewa rano i o zmierzchu, siedząc zwykle na wysokim miejscu. Nie lata w dużych zwartych stadach i nie pojawia się na otwartych przestrzeniach.

występowanie

Część ptaków spędza zimę w naszym klimacie, a część odlatuje na południe i zachód Europy. Populacje miejskie są osiadłe, na zimę pozostają w rejonach lęgowych. Żyją w lasach oraz na polach porośniętych wysokimi zaroślami.

masa

75–110 g

długość ciała

24–27 cm

rozpiętość skrzydeł

34–40 cm

pożywienie

owady, dżdżownice, ślimaki, jagody

gniazdo i jaja

Buduje na niskich partiach drzew i krzewów koszyczkowate gniazda wylepione ziemią z korzonków i źdźbeł. Składa 4–6 jaj.

rząd: **blaszkodziobe**

rodzina: kaczkowate

Krakwa

Anas strepera

wodne, lęgowe, wędrowne

masa
0,5–1,3 kg

długość ciała
45–60 cm

rozpiętość skrzydeł
85–95 cm

pożywienie
zielone części roślin, nasiona

gniazdo i jaja
Gniazdo uwite jest zazwyczaj wśród gęstej roślinności przybrzeżnej, pod osłoną krzewów. Znosi 6–14 jaj.

opis gatunku

Samiec jest ciemnoszary w drobne poprzeczne fale, pióra nad- i podogonowe są czarne, głowę i szyję ma brązową. Kaczka przypomina samicę krzyżówki, na bokach szarego dzioba ma pomarańczowe pasy. W locie dobrze widoczne jest białe lusterko, u samców z czarną obwódką.

występowanie

Zimuje w południowej i zachodniej Europie, północnej Afryce, południowej Azji oraz w południowej części Ameryki Północnej. W Polsce najliczniej występuje na północy. Zamieszkuje starorzecza, płytkie zatoki jezior, rzeki o porośniętych trzcinami brzegach bądź na zadrzewionych wyspach.

Kraska (siwka)

Coracias garrulus

rodzina: kraski

rząd: **kraskowe**

lęgowe, wędrowne

opis gatunku

Dzięki barwnemu upierzeniu kraska sprawia wrażenie ptaka egzotycznego. Ciało i skrzydła ma jaskrawe, jasnoniebieskie, grzbiet natomiast rdzawy. Pióra ogonowe od góry są seledynowe, od spodu natomiast szafirowe. Nadgarstki i spodnia strona lotek jest ciemnofioletowoniebieska. Młode są mniej jaskrawe, bardziej brązowawe. Żyje w parach. Nie unika człowieka.

występowanie

Występuje niemal w całej Europie, w północnej Afryce oraz środkowej i południowej Azji. Na zimowiskach lub podczas wiosennych wędrówek kraski dobierają się w pary. W Polsce spotykana nielicznie na wschodzie. Gniazduje w rozmaitych dziuplach na skrajach lasów i na otwartych terenach.

masa

127–160 g

długość ciała

43 cm

rozpiętość skrzydeł

62–68 cm

pożywienie

łapane na ziemi owady, rzadziej drobne kręgowce (żaby) i pająki

gniazdo i jaja

Zamieszkuje duże opuszczone dziuple i budki lęgowe. Składa 4–5 białych jaj.

rodzina: kaczkowate

Krzyżówka

Anas platyrhynchos

rząd: **blaszkodziobe**

wodne, lęgowe, wędrowne

masa
0,75–1,0 kg

długość ciała
50–65 cm

rozpiętość skrzydeł
80–100 cm

pożywienie
urozmaicone, pokarm roślinny, ale również larwy komarów, chrząszcze i inne zwierzęta związane ze środowiskiem wodnym

gniazdo i jaja
Gniazdo buduje w pobliżu wody, ze źdźbeł i liści z dodatkiem własnego puchu. Składa 8–14 jaj.

opis gatunku

Jest mniejsza od kaczki domowej, najpospolitsza w Polsce. Zarówno samiec, jak i samica mają na skrzydle granatowo-niebieskie metaliczne lusterko, obrzeżone czarno-biało z dwóch stron. Kaczor wyróżnia się zielonoopalizującą głową i szyją, zakończoną białą obrączką oraz ciemnobrązowym wolem. Grzbiet ma brązowoszary, a na ogonie zadarte czarne piórka. Dziób przez cały rok jest żółty z czarnym końcem, z kolei samica wierzch dziobu ma czarny. Kaczka jest brązowo-czarna, przez oko przebiega ciemnobrązowa przepaska. Ubarwienie przypomina łuski.

występowanie

Występuje na terenie całego kraju, na wszelkich terenach podmokłych. Część ptaków zimuje u nas na niezamarzniętych wodach. Jedyny ptak wodny, który przystosował się do życia na obszarach zurbanizowanych.

Kulik wielki

Numenius arquata

rodzina: bekasowate

rząd: **siewkowe**

brodzące, lęgowe, wędrowne

opis gatunku

Kulik ma charakterystyczny długi, zakrzywiony dziób i długie ciemnoszare nogi. Upierzenie szarobrązowe w ciemne podłużne plamy tworzące łuski. Pierś i brzuch są jaśniejsze, natomiast podbrzusze białe. Na jasnobrązowym ogonie występuje ciemniejsze poprzeczne prążkowanie. Samice są większe i mają dłuższe dzioby.

występowanie

Zimuje na Islandii, Wyspach Brytyjskich, w Europie Zachodniej aż po Morze Śródziemne oraz na Bliskim Wschodzie. W Polsce występuje w dolinach dużych rzek, takich jak Biebrza, Narew, Bug, Warta, Noteć i Odra oraz na Bagnach Biebrzańskich.

masa

0,4–1,35 kg

długość ciała

50–65 cm

rozpiętość skrzydeł

80–110 cm

pożywienie

głównie bezkręgowce, m.in. owady, pająki, drobne kręgowce i nasiona

gniazdo i jaja

Wyściełane suchymi źdźbłami gniazdo buduje w dołku w ziemi lub w suchej kępie turzyc, zawsze pośrodku łąki Zazwyczaj składa 4 jaja.

rząd: wróblowe

rodzina: drozdy

Kwiczoł
Turdus pilaris

lęgowe, śpiewające, wędrowne

masa
40–140 g

długość ciała
24–27 cm

rozpiętość skrzydeł
43 cm

pożywienie
drobne bezkręgowce, owady i ich larwy, jesienią owoce i nasiona

gniazdo i jaja
Gniazdo buduje wysoko na drzewie, z liści i trawy zlepionych gliną, wyściełane roślinami. Składa 4–6 jaj.

opis gatunku
Ma trójbarwne upierzenie: głowa, kark i kuper są szare, grzbiet i wierzch skrzydeł – brązowe, ogon – czarnobrunatny. Pierś jest żółtopomarańczowa, spód skrzydeł i brzuch są białe. Na piersi i bokach występuje czarne grotowe kreskowanie. Intensywniej zabarwiony samiec w szacie godowej ma żółty dziób, w szacie spoczynkowej – ciemniejszy na końcach i z wierzchu, podobnie jak u samic.

występowanie
Zamieszkuje skraje wilgotnych lasów oraz brzegi rzek i łąki. Zimuje co roku niemal w całym kraju i w różnej liczbie, co jest uzależnione od panujących temperatur i dostępności pokarmu. Te, które u nas zimują, są przybyszami z Europy Wschodniej, te, które odbywają lęgi w naszym klimacie, odlatują jesienią do Europy Zachodniej i Południowej.

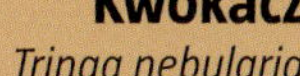

Kwokacz

Tringa nebularia

rodzina: bekasowate

rząd: **siewkowe**

brodzące, wędrowne

opis gatunku

Ma długi zadarty lekko w górę dziób, nogi oliwkowozielone. W czasie godów wierzch głowy i grzbiet są ciemnobrązowe z czarnymi wydłużonymi plamami. Reszta głowy, szyja, spód ciała, dolna część grzbietu i kuper są białe. Na białym ogonie występuje czarne prążkowanie poprzeczne. Na szyi, głowie i piersi widoczne jest ciemne kreskowanie. W szacie spoczynkowej wierzch ciała jest popielatobrązowawy, a spód szarawy.

występowanie

Zimuje głównie w Afryce na południe od Sahary, w południowo-wschodniej Azji i we wschodniej Australii. Najchętniej przebywa na zalesionych bagnach i nad brzegami rzek, zimą natomiast na wybrzeżu morskim. Nie gniazduje w Polsce. Spotykany u nas regularnie podczas przelotów.

masa

125–280 g

długość ciała

30–37 cm

rozpiętość skrzydeł

55–70 cm

pożywienie

wodne bezkręgowce i drobne kręgowce schwytane w wodzie

gniazdo i jaja

Wygrzebuje dołek na kępie turzycy lub na małej wysepce. Składa 4 gruszkowate jaja.

rzgd: **lelkowe**

rodzina: lelkowate

Lelek
Caprimulgus europaeus

lęgowe, wędrowne

masa
80 g

długość ciała
26 cm

rozpiętość skrzydeł
52–55 cm

pożywienie
schwytane w locie owady: ćmy, muchówki, chrząszcze, świerszcze.

gniazdo i jaja
Nie buduje gniazda, 2 jaja składa bezpośrednio na ziemię, zazwyczaj na mech.

opis gatunku

Mały dziób otoczony jest długimi szczecinkami, paszcza jest olbrzymia i głęboko rozcięta. Szarobrunatne pręgowane upierzenie imituje korę. Szara pierś pokryta jest ciemniejszymi plamami, na brązowym lub żółtordzawym spodzie występuje drobne brunatne poprzeczne prążkowanie. Skrzydła i ogon są długie. Dzięki maskującemu ubarwieniu jest niewidoczny w dzień, można go zobaczyć o zmierzchu podczas polowania. Ze względu na długie skrzydła i ogon jego sylwetka w locie przypomina dużą jaskółkę. Rozpoznawalny jest też po charakterystycznym śpiewie utrzymującym się w różnej tonacji.

występowanie

Zimuje w południowej i środkowej Afryce. W Polsce niezbyt liczny lęgowo, spotykany na całym obszarze kraju. Występuje w borach suchych i mieszanych.

Łabędź czarnodzioby
Cygnus columbianus

rodzina: kaczkowate

rząd: **blaszkodziobe**

brodzące, wędrowne

opis gatunku

Najmniejszy z łabędzi, ma krótszą, ale masywniejszą szyję. Jest jednolicie biały. Dziób ma czarno-żółty, ale jasne pole nie sięga nozdrzy. Nogi ma czarne. Jego głośne nawoływania słychać ze znacznych odległości. Młode są brudnoszare z różowym dziobem o czarnej końcówce. Łabędzie łączą się w pary na całe życie. Często żyją w stadach.

występowanie

Występuje na brzegach rzek strefy tundry w Europie i Azji. Zimuje na wybrzeżach Morza Północnego i Morza Śródziemnego. Wędruje wzdłuż zachodnich wybrzeży Europy. Pojawia się na jeziorach, sztucznych zbiornikach i zalanych terenach trawiastych. W Polsce spotykany przede wszystkim w czasie przelotów, a zimą na niżu –głównie na północy.

masa

4,5–8,2 kg

długość ciała

110–120 cm

rozpiętość skrzydeł

190 cm

pożywienie

rośliny wodne, trawa, rzadziej wodne bezkręgowce

gniazdo i jaja

Gniazdo buduje na wysepkach lub na wodzie w trzcinie z łodyg trzciny i pędów roślin. Składa 1–7 jaj.

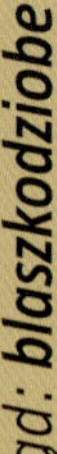

rodzina: kaczkowate

Łabędź krzykliwy

Cygnus cygnus

wodne, lęgowe, wędrowne

masa
4,5–8,2 kg

długość ciała
150 cm

rozpiętość skrzydeł
200 cm

pożywienie
rośliny wodne, trawa, rzadziej wodne bezkręgowce

gniazdo i jaja
Gniazdo buduje na wysepkach lub na wodzie w trzcinie z łodyg trzciny i pędów roślin. Składa 3–7 jaj.

opis gatunku

Jego upierzenie jest całe białe. Boki dzioba ma intensywnie żółte, pozostałą część dzioba – czarną. Szyja jest bardziej prosta niż u łabędzia niemego. Młode są szare, mają czerwone nogi, a koniec dzioba nie jest czarny. Podczas pływania nie podnosi skrzydeł. Wykonywane dźwięki przypominają klangor żurawi.

występowanie

Zimuje w Europie oraz we wschodniej i środkowej Azji. W Polsce gnieździ się sporadycznie. Najliczniej spotykany podczas przelotów i zimą, kiedy przylatują do nas osobniki z północnego wschodu na zimowisko. W czasie zimowania zatrzymuje się na słodkowodnych jeziorach i rzekach oraz płytkich zatokach morskich.

Łabędź niemy
Cygnus olor

rodzina: kaczkowate

rząd: **blaszkodziobe**

wodne, lęgowe, wędrowne

opis gatunku

Najcięższy ptak fruwający w Polsce. Z białym upierzeniem mocno kontrastuje czarna narośl na czole, u nasady pomarańczowoczerwonego dzioba, guz jest większy u samców w okresie godowym. Unosi skrzydła niczym żagle, a szyję zgina w kształcie litery „S". Ma lekko zadarty ogon. Ubarwione na szaro młode mają ołowianoszary dziób. Łączy się w trwałe pary na wiele lat. Często można zobaczyć go w stadach. Może zachowywać się agresywnie wobec człowieka, szczególnie w sezonie lęgowym.

występowanie

Przylatuje do nas z północnej Afryki, środkowej i południowej Azji i Europy Zachodniej. W Polsce liczny lęgowo głównie na Mazurach i Pomorzu. Zasiedla bogate w pożywienie zbiorniki wodne, często blisko ludzi.

masa

8–11 kg

długość ciała

150–170 cm

rozpiętość skrzydeł

235 cm

pożywienie

rośliny wodne, trawa, rzadziej wodne bezkręgowce

gniazdo i jaja

Gniazdo buduje na wysepkach lub na wodzie w trzcinie z łodyg trzciny i pędów roślin. Składa 5–9 jaj.

rodzina: chruściele

łyska
Fulica atra

wodne, lęgowe, wędrowne

masa
0,6–1,2 kg

długość ciała
36–38 cm

rozpiętość skrzydeł
70 cm

pożywienie
rośliny wodne, nasiona, trawy, różne drobne zwierzęta wodne

gniazdo i jaja
Buduje gniazda z badyli i trzcin, zazwyczaj pływające na lustrze wody i ukryte wśród gęstej roślinności wodnej. Składa 6–15 jaj.

opis gatunku
Na łupkowoczarnym upierzeniu wyróżnia się białawy dziób, a jesienią biaława blaszka skórna na czole. Długie palce u nóg mają karbowane płatki skórne. Pływa z lekko kiwającą się głową, często nurkuje z niedużego wyskoku. Pisklęta mają czerwoną głowę i żółte włókna na kuprze.

występowanie
Zimuje w południowej i zachodniej Europie, południowej Azji i północnej Afryce. W Polsce licznie występuje w całym kraju poza górami. Zasiedla jeziora, starorzecza oraz stawy hodowlane. W czasie łagodniejszych zim nielicznie zimuje na niezamarzających zbiornikach wodnych. W okresie wędrówek zbiera się w tysięczne stada.

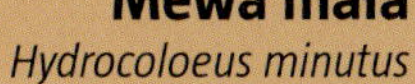

Mewa mała
Hydrocoloeus minutus

rodzina: mewy

rząd: **siewkowe**

brodzące, lęgowe, wędrowne

opis gatunku

Jest najmniejszą z mew żyjących w Europie. W szacie godowej ma czarną głowę, zabarwienie sięga do karku, w szacie spoczynkowej głowa bieleje, ale pozostają szara plama na wierzchu i ciemne plamy na potylicy i w okolicach pokryw usznych. Spód skrzydeł jest bardzo ciemny, końce natomiast białe i lekko zaokrąglone. Brzuch i ogon mają barwę białą. Grzbiet i skrzydła z wierzchu są jasnoszare. Jedynie u młodych widoczne są czarne końce skrzydeł i ogona.

występowanie

Zimuje w basenie Morza Śródziemnego. W Polsce zimuje licznie i regularnie na wybrzeżu. Najłatwiej ją zobaczyć w czasie wędrówek. Nielicznie gnieździ się na Bagnach Biebrzańskich, nad jeziorem Siemianówka, jeziorem Świdwie i w Parku Narodowym Ujście Warty. Wybiera tereny zalewowe, brzegi płytkich jezior z bujnymi szuwarami oraz bagienne doliny rzeczne. Żyje w koloniach.

masa

100–150 g

długość ciała

27–30 cm

rozpiętość skrzydeł

65–80 cm

pożywienie

głównie owady złapane w locie nad wodą, poza tym skorupiaki i drobne ryby złapane w płytkich wodach

gniazdo i jaja

Gniazda buduje w wodnej roślinności lub na stałym gruncie z materiału roślinnego. Składa 2–3 jaja.

rodzina: mewy

Mewa siwa

Larus canus

rząd: **siewkowe**

wodne, lęgowe, wędrowne

masa
300–600 g

długość ciała
40–56 cm

rozpiętość skrzydeł
110–120 cm

pożywienie
urozmaicone: owady, pająki, mięczaki, skorupiaki, żywe i śnięte ryby, nasiona i owoce

gniazdo i jaja
Gniazda buduje na terenie porośniętym trawą, turzycą lub wrzosem. Składa 1–3 jaja.

opis gatunku

Jest wielkości wrony, ma białe upierzenie godowe, jedynie grzbiet i pokrywy skrzydłowe są bladopopielate z białymi tylnymi krawędziami. Dziób jest czysto żółty. Końcówki lotek skrzydeł są czarne z białymi plamami. W szacie spoczynkowej występują drobne szarobrązowe plamki na wierzchu głowy i na karku. Młode są białe z brązowymi plamkami na ciele, lotki mają brązowe, a na końcu ogona wąski czarny pas. Dziób jest ciemnoszary. Stare ptaki są białe lub popielate.

występowanie

Zimuje w Europie, Afryce Północnej i na Bliskim Wschodzie. W Polsce dość licznie zimuje na wybrzeżu Bałtyku, a najliczniej spotykana jest w czasie przelotów. Występuje nierównomiernie na Niżu Polskim, z największą koncentracją na środkowej Wiśle. Gniazduje kolonijnie i w pojedynczych parach na wyspach w nurcie rzeki, na jeziorach, stawach i osadnikach.

Mewa srebrzysta
Larus argentatus

rodzina: mewy

rząd: **siewkowe**

wodne, lęgowe, wędrowne

opis gatunku

Jest wielkości myszołowa. Upierzeniem przypomina znacznie mniejszą mewę pospolitą. Osobniki dorosłe w szacie godowej mają popielate skrzydła i grzbiet, końce skrzydeł są czarne z białymi plamkami, reszta ciała biała. W szacie spoczynkowej na głowie ma pstre, popielatobiałe zabarwienie. Mocny żółty dziób ma przy końcu dolnej części czerwoną plamkę. Stare osobniki są białe z popielatym płaszczem.

występowanie

Zimuje w południowo-zachodniej Europie. Tworzy wielkie kolonie na wybrzeżach, ale nie w Polsce. Podczas przelotów licznie pojawia się na polskim wybrzeżu, mniej licznie spotykana w głębi kraju. W ostatnich latach zwiększa swój zasięg i liczebność. Przebywa nad brzegami mórz, nad dużymi jeziorami i u ujścia rzek. Na wybrzeżach tworzy kolonie lęgowe liczące nawet do kilku tysięcy par.

masa

0,6–1,5 kg

długość ciała

55–68 cm

rozpiętość skrzydeł

130–150 cm

pożywienie

bardzo urozmaicone: odpadki, ryby, również śnięte, ptasie jaja, drobne zwierzęta wodne i lądowe

gniazdo i jaja

Wśród skał buduje gniazda na klifowych wybrzeżach w Skandywawii i Wlk. Brytanii, ale nie w Polsce. Składa 1–3 jaja.

rodzina: sikory

Modraszka

Cyanistes caeruleus

rząd: **wróblowe**

lęgowe, osiadłe, śpiewające, zimujące

masa
11 g

długość ciała
11–13 cm

rozpiętość skrzydeł
20 cm

pożywienie
owady i ich jajeczka, oleiste nasiona i tłuszcze w karmnikach

gniazdo i jaja
Gniazda buduje w dziuplach drzew, zakamarkach krzewów i budkach lęgowych. Znosi 10–16 jaj.

opis gatunku

Niewielki barwny ptak, mniejszy od bogatki. Spód ciała ma żółty. Od bogatki odróżnia go jaskrawoniebieska, biało obramowana czapeczka. Skrzydła i ogon również ma niebieskie. Należy do popularnych ptaków ogrodowych.

występowanie

W Polsce licznie występuje na niżu, większość populacji zimuje w zachodniej części kraju. Te, które od nas odlatują, lecą na południe Francji, te, które u nas zimują, przybywają ze Skandynawii. Występuje w lasach mieszanych, parkach i ogrodach, we wszelkiego rodzaju zadrzewieniach.

Muchołówka białoszyja
Ficedula albicollis

rodzina: muchołówkowate

rząd: **wróblowe**

lęgowe, śpiewające, wędrowne

opis gatunku

Samiec w szacie godowej jest czarny z wierzchu, a od spodu biały. Głowa jest czarna z wyjątkiem białej obroży wokół szyi i białej plamy nad dziobem. W upierzeniu samicy dominują odcienie szarości i brązu, ciemniejsze na ogonie i skrzydłach, jedynie spód ciała jest biały. U obydwu płci na skrzydłach występuje duża biała plama, u samca dodatkowo widać niewyraźne białe przebarwienie. Samiec w szacie spoczynkowej jest podobny do samic, choć ciemniejszy.

występowanie

Zimuje w środkowej Afryce. Występuje w Europie, Azji Mniejszej i na Bliskim Wschodzie. W Polsce spotkać ją można na wschodzie i południu kraju. Gniazduje w dziuplach, u nas nieliczna lęgowo. Bytuje w wilgotnych starych lasach liściastych i mieszanych, w parkach i dużych ogrodach.

masa

6–16 g

długość ciała

13 cm

rozpiętość skrzydeł

23–25 cm

pożywienie

owady chwytane w locie, gąsienice, pająki, rzadziej jagody

gniazdo i jaja

Gnieździ się w dziuplach lub budkach lęgowych wyściełanych mchem, liśćmi, trawą i sierścią.

rodzina: muchołówkowate

Muchołówka mała

Ficedula parva

rząd: wróblowe

lęgowe, śpiewające, wędrowne

masa
9–11 g

długość ciała
11 cm

rozpiętość skrzydeł
21 cm

pożywienie
owady, głównie muchy złowione w locie

gniazdo i jaja
Gniazda, usłane ze źdźbeł, zakłada w półotwartych dziuplach lub szczelinach drzew. Składa 5–7 jaj.

opis gatunku

Najmniejszy przedstawiciel z rodziny muchołówek. Charakterystycznie kiwa się i zadziera ogon. U nasady ogona widoczne są białe plamy, czarne środkowe sterówki sprawiają wrażenie dwóch plam na ogonie. Dorosłe samce mają rudopomarańczowe gardło. Pierś samicy jest żółtobiała.

występowanie

Zimuje w południowo-wschodniej Azji. Występuje w całej Polsce w starych lasach liściastych, częściej we wschodniej części kraju. Należy do ptaków nielicznych lęgowo. Przebywa wysoko w koronach drzew.

Muchołówka szara

Muscicapa striata

rodzina: muchołówkowate

rząd: **wróblowe**

łęgowe, śpiewające, wędrowne

opis gatunku

Największa z europejskich muchołówek. Zarówno samiec, jak i samica mają oliwkowoszare lub brudnoszare ubarwienie bez białego lusterka na skrzydłach. Czoło, kark, pierś i wierzch głowy mają ciemne kreskowane, czasem nastroszone. Spód ciała jest brudno biały z ciemnym kreskowaniem, na bokach brązowawy. Przy podstawie dzioba znajdują się szczeciniaste piórka. Młode mają bardziej beżowy wierzch głowy i są gęsto nakrapiane również na grzbiecie.

występowanie

Zimuje w Afryce na południe od równika oraz w południowo-zachodniej Azji. W Polsce występuje na całym obszarze kraju, sporadycznie w górach. Spotykana na obrzeżach lasów, w parkach, ogrodach i zadrzewieniach śródpolnych.

masa

15 g

długość ciała

14 cm

rozpiętość skrzydeł

23–25 cm

pożywienie

schwytane w locie owady, głównie muchówki

gniazdo i jaja

Zamieszkuje półotwarte płytkie dziuple, zakamarki budynków, może również zbudować gniazdo na belce stropowej dachu czy okiennicy. Składa 4–5 jaj.

rodzina: muchołówkowate

Muchołówka żałobna

Ficedula hypoleuca

lęgowe, śpiewające, wędrowne

masa
9–15 g

długość ciała
13 cm

rozpiętość skrzydeł
21–24 cm

pożywienie
owady chwytane w locie – owady i ich larwy

gniazdo i jaja
Zamieszkuje dziuple drzew i skrzynki lęgowe wyściełane mchem, liśćmi, trawą i sierścią. Składa 6–7 jaj.

opis gatunku

W szacie godowej samiec ma czarniawy wierzch i biały spód. Na czole ma jedną lub dwie białe plamy. W szacie spoczynkowej upierzenie nabiera szarobrązowego odcienia, jak u samicy. Obydwie płcie mają na skrzydłach duże białe plamy, a ogon obrzeżony na biało.

występowanie

Zimuje w Afryce Środkowej, często powraca do miejsc swoich narodzin. Występuje w całej Polsce w otwartych lasach liściastych i mieszanych, w ogrodach i sadach owocowych. U nas liczny ptak lęgowy. Na swoje terytoria lęgowe samice przylatują później niż samce.

Mysikrólik
Regulus regulus

rodzina: mysikróliki

rząd: **wróblowe**

lęgowe, śpiewające, wędrowne

opis gatunku

Najmniejszy europejski ptak. Ma oliwkowozielone upierzenie, jaśniejsze od spodu, ciemniejsze z wierzchu. Lotki i sterówki są brązowe. Na brzegach lotek występują dwie białe pręgi. Na głowie widoczna jest żółta (u samicy) lub żółtopomarańczowa (u samca) kreska z czarną obwódką. Wokół czarnych oczu i pod dziobem upierzenie jest odbarwione.

występowanie

Zimuje na południu Europy, w Afryce Północnej i na południu Ameryki Północnej. Chętnie zimuje w Polsce, jest u nas ptakiem licznym lęgowo. Występuje w lasach iglastych, szczególnie świerkowych i jodłowych. Często spotykany w parkach, jest bardzo szybki i ruchliwy. Jego obecność można stwierdzić po charakterystycznym śpiewie.

masa
4–7 g

długość ciała
9 cm

rozpiętość skrzydeł
15 cm

pożywienie
pająki, owady, ich larwy i jajeczka, sporadycznie nasiona iglaków

gniazdo i jaja
Uwite misternie gniazdo wplata w gałęzie świerka lub jodły. Składa 8–10 jaj.

rodzina: jastrzębiowate

Myszołów
Buteo buteo

rząd: **szponiaste**

drapieżne, lęgowe, wędrowne

masa
0,7–1,3 kg

długość ciała
53 cm

rozpiętość skrzydeł
125 cm

pożywienie
drobne kręgowce schwytane na ziemi, głównie myszy, norniki, rzadziej szczury, krety, owady

gniazdo i jaja
Uwite z gałęzi, wyściełane mchem, trawą i sierścią, gniazdo umieszczone jest wysoko w koronach drzew leśnych. Składa 2–4 jaja.

opis gatunku
Najpospolitszy średniej wielkości ptak szponiasty Europy. Ma krępą budowę ciała, szerokie, zaokrąglone skrzydła i krótki, szeroki ogon ozdobiony drobnymi poprzecznymi prążkami. Może być różnie ubarwiony: kremowo, brązowo, szarobrązowo lub rdzawo. Wierzch jest ciemniejszy. Na lotkach i sterówkach widać pręgi, a pod skrzydłami ciemną plamę. Samica jest nieco większa. Dziób ma ciemny o żółtej woskówce, na końcu czarny. Można zaobserwować go szybującego nad swoim terytorium na szerokich, rozłożonych skrzydłach, zataczającego w powietrzu kręgi i wypatrującego ofiary.

występowanie
Część osobników zimuje w Polsce, występuje w całym kraju. Najczęściej można go spotkać na terenach rolniczych z zadrzewieniami oraz w lasach.

Nurogęś

Mergus merganser

rodzina: kaczkowate

rząd: **blaszkodziobe**

wodne, lęgowe, wędrowne

opis gatunku

Największa z kaczek, ma ciemnoczerwony, haczykowato zagięty dziób z ostrymi ząbkami. Białe lusterka na skrzydłach mają jedną wąską czarną kreskę pośrodku. W szacie godowej głowa i górna część szyi samca są czarne z metalicznym zielonym połyskiem, spód i boki są białe, ogon – popielaty. Pierś jest biała z łososiowym nalotem. W szacie spoczynkowej głowa jest ubarwiona na brązowo. Na górnej części głowy ma czub, mniej okazały niż u samicy. Kaczka ma rdzawobrązową głowę i szyję, biały spód oraz popielato-szary grzbiet.

występowanie

Na północy i zachodzie Polski nielicznie lęgowa. Zamieszkuje okolice dużych jezior i głębokich rzek o stromych brzegach porośniętych starymi drzewami. W okresie zimowania obserwowana na przybrzeżnych wodach Bałtyku, czasami w dolinach rzecznych.

masa

1–1,9 kg

długość ciała

60–75 cm

rozpiętość skrzydeł

97 cm

pożywienie

drobne ryby i zwierzęta wodne: skorupiaki, mięczaki, owady

gniazdo i jaja

Zamieszkuje wysoko osadzone gniazda w dziuplach od 1–8 m nad ziemią, często niewyściełane żadnym materiałem. Składa 6–17 jaj.

rodzina: kaczkowate

Ogorzałka

Aythya marila

rząd: ***blaszkodziobe***

wodne, wędrowne, zimująca

masa
0,7–1,6 kg

długość ciała
42–52 cm

rozpiętość skrzydeł
70–84 cm

pożywienie
zwierzęta wodne, głównie mięczaki, niekiedy zielone części roślin i nasiona

gniazdo i jaja
Gniazdo buduje ukryte w krzakach lub turzycach w pobliżu wody. Składa 6–13 jaj.

opis gatunku

W szacie godowej samiec ma głowę, szyję i pierś czarną z zielonkawofioletowym połyskiem. Grzbiet jest szary z niebieskim nalotem, delikatnie prążkowany. Boki i brzuch są białe, ogon i podogonie – czarne. Na ciemnych skrzydłach u obydwu płci znajduje się białe lusterko. Samica ma brązowe ubarwienie, jaśniejszy brzuch, u nasady dzioba szeroką białą przepaskę.

występowanie

Zimuje wzdłuż wybrzeży Europy Zachodniej i Środkowej, na wybrzeżach Morza Czarnego i Kaspijskiego oraz na Bliskim Wschodzie. W Polsce dość licznie zimuje od października do kwietnia na wybrzeżu Bałtyku. Ptaki te chętnie przebywają w stadach. Nurkują do głębokości 4 m. Większość życia spędzają na morzu, tylko na czas lęgów schodzą na ląd.

Ohar

Tadorna tadorna

rodzina: kaczkowate

rząd: **blaszkodziobe**

wodne, lęgowe, wędrowne

opis gatunku

Barwnie upierzony ptak – głowa i górna część szyi jest czarna z zielonym połyskiem, dolna część szyi, spód i grzbiet są białe. W poprzek piersi biegnie szeroki kasztanowy pas, wzdłuż piersi czarny. Lusterko na skrzydle jest rudo-zielone. Różnice w wyglądzie płci są niewielkie. Samiec jest nieco większy, w okresie godowym u nasady dzioba ma czerwoną narośl, samica zaś białą obwódkę.

występowanie

Zimuje w zachodniej i południowej Europie, północnej Afryce, Azji Środkowej oraz na Półwyspie Indyjskim. W Polsce pojawia się w głębi kraju nieregularnie i sporadycznie. Gniazduje nielicznie na wybrzeżu. Późnym latem ptaki gromadzą się w grupy, wtedy odlatują nad Morze Północne, gdzie zmieniają upierzenie i zbierają się w wielkie skupiska.

masa

0,9–1,6 kg

długość ciała

56–63 cm

rozpiętość skrzydeł

115 cm

pożywienie

drobne skorupiaki, ślimaki, owady, rośliny

gniazdo i jaja

Gniazdo buduje zazwyczaj w wykopanych w ziemi norach, np. króliczych lub lisich. Składa 7–12 jaj.

rodzina: *jaskółkowate*

Oknówka
Delichon urbicum

rząd: **wróblowe**

lęgowe, śpiewające, wędrowne

masa
20 g

długość ciała
15 cm

rozpiętość skrzydeł
30 cm

pożywienie
drobne owady

gniazdo i jaja
Gnieździ się w siedzibach ludzkich, pod okapami dachów stodół, domów i innych zabudowań. Półkoliste gniazdo z małym otworem lepi z błota. Składa 1–3 jaja.

opis gatunku
Wierzch ciała jest czarny z niebieskim połyskiem, spód, brzuch i kuper są białe, podgardle szare. Nie ma na ogonie długich widełek. Od dymówki odróżnia ją pokrycie nóg białymi piórami. Jest od niej nieco mniejsza. Wiele godzin spędza w powietrzu, lata wysoko i rzadko zlatuje na ziemię. Podczas przelotu poluje na owady, krążąc ponad dachami lub nad wodą.

występowanie
Zimuje w Afryce, południowo-wschodniej Azji i w Indiach. U nas znacznie liczniejsza niż w Europie Zachodniej. Oknówki gnieżdżą się w koloniach zarówno w miastach, jak i na wsiach.

Orlik krzykliwy
Aquila pomarina

rodzina: jastrzębiowate

rząd: **szponiaste**

drapieżne, lęgowe, wędrowne

opis gatunku

Dorosłe osobniki są ciemnobrązowe, pokrywy skrzydłowe i głowę mają żółtawobrązowe. U nasady wewnętrznych lotek widoczna jest biała plama. Pokrywy nadogonowe są jasne.

występowanie

Zimuje w Afryce. Jest jednym z najliczniejszych orłów, ale w Polsce występuje bardzo nierównomiernie, głównie na północy i wschodzie kraju. Zamieszkuje stare i rozległe lasy mieszane w pobliżu wilgotnych pól i łąk.

masa

1,6 kg

długość ciała

61–66 cm

rozpiętość skrzydeł

177 cm

pożywienie

żaby, jaszczurki, padalce, węże, owady, myszy, krety, małe ptaki

gniazdo i jaja

Usłane z gałęzi gniazdo buduje w koronach wysokich drzew. Składa 1–2 jaja.

rodzina: jastrzębiowate

Orzeł przedni

Aquila chrysaetos

rząd: **szponiaste**

drapieżne, lęgowe

masa
2,5 kg

długość ciała
90 cm

rozpiętość skrzydeł
230 cm

pożywienie
małe i średniej wielkości ssaki, np. zające, kuny, świstaki oraz ptaki

gniazdo i jaja
Gniazdo usłane z chrustu umieszcza wysoko w koronie drzew lub na półce skalnej. Składa 2 jaja.

opis gatunku

Drugi co do wielkości wśród europejskich ptaków drapieżnych. Ma brązowe upierzenie, jego głowa i kark mają jaśniejszy złotawy odcień, spód ciała i pióra przy nasadzie ogona również są jaśniejsze – szarawe. Umięśnione nogi pokryte są pierzem aż do nasady palców. Młode osobniki do 5 roku życia mają ciemniejsze upierzenie z dużymi białymi plamami po obu stronach skrzydeł i ogona. Żółty, zakończony na czarno zakrzywiony dziób pomaga w łapaniu cięższych zwierząt. Samica jest znacznie większa, większość par ma kilka gniazd, które użytkują na zmianę.

występowanie

W Polsce bardzo nielicznie lęgowy, występuje przede wszystkim w Karpatach i na Mazurach. Poluje, lecąc wzdłuż grzbietów górskich i skraju lasów.

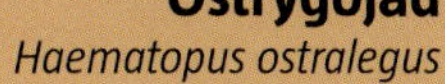

Ostrygojad
Haematopus ostralegus

rodzina: ostrygojady

rząd: **siewkowe**

brodzące, lęgowe, wędrowne

opis gatunku

Jest wielkości gołębia. Ma kontrastowe czarno-białe upierzenie. Jest bardzo hałaśliwy. Wierzch ciała, głowa i szyja oraz obrzeżenie białego ogona są czarne, reszta ciała – biała. W szacie spoczynkowej mają białą półobroże na gardle. Ma czerwony długi dziób, przystosowany do rozłupywania małż, i tego samego koloru nogi. W locie widać szeroki biały pas ciągnący się wzdłuż skrzydeł. Zaliczany jest do ptaków długowiecznych, może dożyć nawet 40 lat.

występowanie

Ptak brodzący z rodziny ostrygojadów. Zimuje w Afryce Południowej i Zachodniej. W Polsce spotykany dość licznie podczas przelotów. Gnieździ się bardzo nielicznie, głównie na wybrzeżu oraz nad większymi zbiornikami śródlądowymi, w Zatoce Gdańskiej nad Środkową Wisłą i Dolną Odrą.

masa

330–750 g

długość ciała

40–49 cm

rozpiętość skrzydeł

80 cm

pożywienie

bezkręgowce, w tym mięczaki morskie, skorupiaki, robaki, owady, rzadziej ryby

gniazdo i jaja

Gniazda buduje na ziemi w pobliżu wody, wykłada je kamieniami i muszelkami. Składa 2–5 jaj.

rodzina: pełzacze

Pełzacz leśny

Certhia familiaris

lęgowe, śpiewające, osiadłe

masa
10 g

długość ciała
12 cm

rozpiętość skrzydeł
19 cm

pożywienie
pająki, owady, ich larwy i jajeczka

gniazdo i jaja
Gniazduje w szparach pękniętej kory wysłanej chrustem i źdźbłami. Składa 6–7 jaj.

opis gatunku

Mały ruchliwy ptak, w poszukiwaniu pożywienia pełza po pniu drzewa jak po spirali, podobnie jak dzięcioł. Ma długi pazur na tylnym palcu i maskujące upierzenie, dzięki któremu dobrze wtapia się w korę drzew. Wierzch ciała jest brązowy z białymi plamkami, a spód biały. Skrzydła są paskowane beżowo, czarno i biało, ogon jest brązowy, z długimi i sztywnymi sterówkami. Biała pręga nad okiem sięga do podstawy lekko zakrzywionego dzioba.

występowanie

W Polsce średnio liczny lęgowo, występuje w lasach. Pojawia się także w wysokich żywopłotach, parkach i ogrodach. U nas jest gatunkiem osiadłym, ptaki północnoeuropejskie wędrują zimą na południe.

Perkoz dwuczuby
Podiceps cristatus

rodzina: perkozy

rząd: **perkozy**

wodne, lęgowe, wędrowne

opis gatunku

Największy przedstawiciel spotykanych w Polsce perkozów. Ma długą białą szyję. Wierzch ciała jest ciemnobrązowy, pierś biała, boki natomiast są brązowordzawe. W szacie godowej na głowie występują dwa ciemnobrązowe czuby i rdzawoczarne bokobrody (u samic nieco mniejsze). Zimą czuby są mniej wyraźne. Biała plama na skrzydłach widoczna jest podczas lotu. Na początku sezonu lęgowego wykonuje długie i skomplikowane tańce godowe.

występowanie

Zimuje w Europie Zachodniej i w basenie Morza Śródziemnego. Nielicznie zimuje w Polsce, głównie na Bałtyku. Występuje na całym niżowym obszarze kraju, w okolicy zbiorników wodnych i starorzeczy. Większość czasu spędza na otwartej wodzie, nurkując po pożywienie.

masa

0,9 kg

długość ciała

46–51 cm

rozpiętość skrzydeł

80 cm

pożywienie

małe ryby, owady, skorupiaki, mięczaki, żaby

gniazdo i jaja

Gniazdo buduje na wodzie, wśród trzcin, z patyków, łodyg i liści wyłowionych z wody. Składa 3–6 jaj.

rodzina: perkozy

Perkoz rdzawoszyi

Podiceps grisegena

rząd: **perkozy**

wodne, lęgowe, wędrowne

masa
500–900 g

długość ciała
43 cm

rozpiętość skrzydeł
70 cm

pożywienie
owady wodne, małże, ślimaki, skorupiaki, żaby, małe ryby

gniazdo i jaja
Gniazdo buduje na wodzie, wśród trzcin, z patyków, łodyg i liści wyłowionych z wody. Składa 3–6 jaj.

opis gatunku

Wierzch ciała jest jednolicie czarnobrązowy. Wiosną szyja przybiera rdzawoczerwoną barwę, szare policzki stają się białe, wierzch głowy jest ciemniejszy, prawie czarny, a dziób u nasady żółty – w szacie spoczynkowej jest prawie cały żółty. Większość czasu przebywa na wodzie, na której także śpi. Żeruje pod wodą, nurkując do 4 m głębokości.

występowanie

Zamieszkuje wschodnią Europę, wschodnią Syberię, wybrzeża Morza Aralskiego i Amerykę Północną od Alaski po Labrador. W Polsce występuje nierównomiernie w całym kraju, rzadko zimuje. Najczęściej spotkać go można na stawach rybnych.

Perkoz rogaty
Podiceps auritus

rodzina: perkozy

rząd: **perkozy**

sporadycznie lęgowe, wędrowne

opis gatunku

Ma krótszy dziób niż perkoz dwuczuby i rdzawoszyi. W szacie godowej szyja jest rdzawobrązowa. Na bokach czarnej głowy z daleka widoczne są żółtopomarańczowe czuby, a pod nimi niewielka kryza z czarnych piór. Wierzch ciała jest ciemny, brzuch natomiast jasny. Jesienią i zimą wierzch jest popielatoszary, boki i spód są białe, podobnie poliki. Głowa do połowy oka jest ciemna. Nie nurkuje głęboko, często żeruje na powierzchni.

występowanie

Zamieszkuje północną Europę od Skandynawii po Kamczatkę. Najczęściej można go spotkać w zimnych zbiornikach wodnych porośniętych na brzegach roślinnością. W Polsce zimuje nielicznie. Nielicznie też gniazduje na Białostocczyźnie i nad Bałtykiem. Spotykany także na jesiennych przelotach w całym kraju.

masa

350–700 g

długość ciała

27–34 cm

rozpiętość skrzydeł

54 cm

pożywienie

owady wodne, małże, ślimaki, skorupiaki, żaby, małe ryby

gniazdo i jaja

Gniazdo buduje na wodzie, wśród trzcin, z patyków, łodyg i liści wyłowionych z wody. Składa 3–5 jaj.

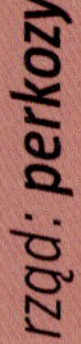

rodzina: perkozy

Perkozek
Tachybaptus ruficollis

wodne, wędrowne

masa
120–300 g

długość ciała
25–27 cm

rozpiętość skrzydeł
40 cm

pożywienie
owady i ich larwy, kijanki, małże i inne drobne zwierzęta wodne

gniazdo i jaja
Gniazdo zakłada na wodzie między trzcinami. Składa 5–6 jaj.

opis gatunku

Najmniejszy z rodziny perkozów. W szacie godowej policzki, podbródek i przód szyi są brązowoczerwone. W kątach dzioba występują jaskrawe żółte plamy, mniej wyraźne jesienią i zimą. W szacie spoczynkowej upierzenie przybiera szarobrązowe odcienie, jaśniejsze na spodzie i bokach ciała oraz przedniej części szyjnej. To płochliwy ptak, dlatego nie widuje się go raczej na wodach otwartych.

występowanie

Zimuje w Europie Zachodniej i basenie Morza Śródziemnego. W Polsce spotykany głównie na niżu. Zasiedla małe, gęsto porośnięte zbiorniki wodne. Gnieździ się pojedynczo. Podczas zimy gromadzi się w małych grupkach na otwartych niezamarzniętych wodach.

Piecuszek

Phylloscopus trochilus

rodzina: świstunki

rząd: **wróblowe**

lęgowe, śpiewające, wędrowne

opis gatunku

Jest bardzo podobny do pierwiosnka, jego upierzenie jest bardziej oliwkowozielone, żółta brew i ciemny pasek oczny są bardziej widoczne, nogi natomiast jasne, brązowo-pomarańczowe. Spód ciała (gardziel, wole, pierś) jasnoszara z żółtym nalotem, brzuch jest biały. Jest bardzo ruchliwy i trudny do obserwacji, najłatwiej go rozpoznać po melodyjnym, pięknym śpiewie.

występowanie

Zimuje w Afryce. U nas spotykany na obszarze całego kraju poza wysokimi górami. Występuje w lasach liściastych i mieszanych, w skupiskach dużych drzew, w pobliżu podmokłych łąk, w większych zadrzewieniach śródpolnych, rzadziej w parkach.

masa

11 g

długość ciała

11 cm

rozpiętość skrzydeł

19 cm

pożywienie

drobne owady i ich larwy, małe pająki, jesienią jagody

gniazdo i jaja

Buduje kuliste gniazda z suchych traw, liści, gałązek, zazwyczaj na ziemi lub tuż nad nią w gęstej trawie lub krzewach. Składa 5–7 jaj.

rodzina: pokrzewkowate

Piegża
Sylvia curruca

rząd: **wróblowe**

łęgowe, śpiewające, wędrowne

masa
11–13 g

długość ciała
12–14 cm

rozpiętość skrzydeł
19 cm

pożywienie
drobne owady i ich larwy

gniazdo i jaja
Gniazda buduje wśród gęstych krzewów z suchych łodyg i trawy. Składa 4–6 jaj

opis gatunku

Podobna do cierniówki, ale jest od niej nieco mniejsza, ma krótszy ogon, szarobrązowy wierzch ciała i ciemnoszare pokrywy uszne oraz policzki. Skrzydła są jednolicie szarobrązowe, a spód ciała i podgardle bardzo jasne, prawie białe. Samiec ma nieznacznie intensywniejsze ubarwienie. Brzegi ogona są białe, a nogi ołowianoszare.

występowanie

Mały ptak z rodziny pokrzewkowatych i najmniejsza z pokrzewek występujących w Polsce. Zimuje w środkowej Afryce, na Półwyspie Arabskim i na Półwyspie Indyjskim. U nas jest ptakiem nielicznym lęgowo, dobrze się czuje w większych skupiskach krzewów, a także w parkach, ogrodach, sadach i w żywopłotach w pobliżu osiedli ludzkich.

Pierwiosnek
Phylloscopus collybita

rodzina: świstunki

rząd: **wróblowe**

legowe, śpiewające, wędrowne

opis gatunku

Podobny do piecuszka, jego upierzenie jest zielonkawoszare z oliwkowym odcieniem, na spodzie ciała jasnobeżowy. Skrzydła i ogon są ciemniejsze. Nad okiem widoczna jest żółtawa brew. Nogi są brązowo-czarne. To bardzo ruchliwy ptak.

występowanie

Zimuje od północno-wschodniej Afryki aż po Indie. W Polsce jest pospolitym, licznym ptakiem lęgowym. Spotkać go można w lasach o umiarkowanej wilgotności, parkach i większych zadrzewieniach. Miejsce przebywania zaznacza śpiewem, śpiewa dużo i melodyjnie.

masa

8,5 g

długość ciała

12 cm

rozpiętość skrzydeł

18 cm

pożywienie

owady i ich larwy, jesienią jagody

gniazdo i jaja

Gniazdo ma kulisty kształt, podobnie jak u piecuszka, jednak otwór osadzony jest skośnie, a nie z boku. Składa 4–6 jaj.

rodzina: muchołówkowate

Pleszka

Phoenicurus phoenicurus

rząd: **wróblowe**

lęgowe, śpiewające, wędrowne

masa
15–20 g

długość ciała
14–15 cm

rozpiętość skrzydeł
20–24 cm

pożywienie
owady, jesienią jagody i inne owoce

gniazdo i jaja
Gnieżdżą się w dużych dziuplach, niekiedy również w skrzynkach lęgowych wyściełanych liśćmi, mchem i innymi roślinami, a na wierzchu piórami i włosiem.

opis gatunku

Ptak ten ma smukłą sylwetkę i długie nogi. Samiec ma czarną część twarzową i gardło oraz białą plamę na czole. Pierś i boki są rude, pokrywy podogonowe, nadogonowe i ogon mają intensywnie pomarańczową barwę. Wierzch jest szary, natomiast brzuch białawy. Samica ma z wierzchu brązowoszare upierzenie, a u spodu bladorude, ogon taki sam jak u samca. Poluje z pozycji siedzącej.

występowanie

Zimuje na Półwyspie Arabskim i w Afryce na północ od równika. Występuje na Niżu Polskim. Wędruje przeważnie nocą. Najlepiej go zlokalizować po pięknym śpiewie, najintensywniej śpiewa o świcie. Pleszki lubią stare lasy z otwartą przestrzenią oraz ogrody, parki i sady.

Pliszka siwa
Motacilla alba

rodzina: pliszkowate

rząd: **wróblowe**

lęgowe, śpiewające, wędrowne

opis gatunku

Charakteryzuje się kontrastowym czarno-biało-szarym upierzeniem. W szacie godowej grzbiet i skrzydła są szare, od spodu białe z szarobiałymi brzegami. Głowa, kark i połączone z nim podgardle oraz pierś są czarne. Czarny długi ogon obrzeżony jest na biało. Czoło, poliki i boki szyi oraz spód ciała aż po podogonie są białe. Upierzenie samicy jest bardzo podobne, ale mniej wyraziste. W szacie spoczynkowej kontrastowość upierzenia są zmniejsza. Jest mało płochliwa, chętnie przebywa w otoczeniu człowieka.

występowanie

Zimuje w Europie Środkowej na terenach o łagodnym klimacie. Dość pospolita na obszarze całej Polski, średnio liczna lęgowo. Najczęściej spotykana nad brzegami wód i na obrzeżach ludzkich osiedli.

masa

23 g

długość ciała

20 cm

rozpiętość skrzydeł

30 cm

pożywienie

drobne owady, takie jak komary, muchy, chrząszcze, małe motyle

gniazdo i jaja

Zamieszkuje różne zakamarki, np. wnęki muru, belki pod okapem dachu, pod mostem, sterty chrustu. Składa 4–6 jaj.

rodzina: pliszkowate

Pliszka żółta

Motacilla flava

rząd: **wróblowe**

legowe, śpiewające, wędrowne

masa
17 g

długość ciała
17 cm

rozpiętość skrzydeł
27 cm

pożywienie
drobne owady, muchy, koniki polne, małe mięczaki, pająki, dżdżownice

gniazdo i jaja
Samica buduje gniazdo w doku na ziemi wśród rzadkiej wysokiej roślinności w lub trawie. Składa 4–5 jaj.

opis gatunku

Jest najmniejszą ze wszystkich pliszek europejskich. Ma żółty spód ciała, zielonkawy grzbiet i kuper, brązowozielone skrzydła z jaśniejszymi pasami i ciemnoszary długi ogon, biało obrzeżony. Brew i podgardle są białe. Samice mają bardziej przytłumione barwy upierzenia, oliwkowozieloną głowę, samiec natomiast popielatą. Pierś i spód nie są tak intensywnie żółte jak u samca, który traci jaskrawość barw w szacie spoczynkowej.

występowanie

Zimuje w Afryce, nigdy nie spotykana zimą w Europie. W Polsce występuje na niżowym obszarze i jest u nas średnio liczna lęgowo. Miejscem jej występowania są brzegi płynących wód, trzęsawiska, bagna i wrzosowiska. Miejscem życia pliszki są też pola ze zbożem, łąki i skraje polnych dróg. Podczas wędrówek w poszukiwaniu owadów gromadzi się blisko pasącego się bydła.

Pluszcz
Cinclus cinclus

rodzina: pluszcze

rząd: **wróblowe**

lęgowe, śpiewające, osiadłe

opis gatunku

Głowa, kark i brzuch są brązowe, natomiast wierzch, spód, krótkie zaokrąglone skrzydła i krótki zadarty ogon prawie czarne. Białe jest tylko podgardle i pierś. Samce są większe. Gęste upierzenie tego ptaka pokryte jest wydzieliną, która sprawia, że jest ono nieprzemakalne. Upierzenie na skrzydłach i wierzchu przypomina łuski. Pluszcze nie pływają pod wodą. Nurkują do dna strumienia i szukają pożywienia chodząc po dnie. Chodzą pod prąd wody.

występowanie

W Polsce można spotkać pluszcze osiadłe i nielicznie lęgowe w Sudetach i Karpatach, bardzo rzadko na niżu. Ptak ten przystosowany jest do życia nad wartkimi strumieniami.

masa

50–70 g

długość ciała

20 cm

rozpiętość skrzydeł

26–30 cm

pożywienie

owady i ich larwy, drobne skorupiaki, niekiedy również małe ryby i mięczaki

gniazdo i jaja

Kuliste gniazdo buduje z mchu, liści i korzonków, blisko wody, pod mostem lub półką skalną. Składa 4–6 jaj.

rodzina: muchołówkowate

Podróżniczek

Luscinia svecica

rząd: **wróblowe**

lęgowe, śpiewające, wędrowne

masa
18 g

długość ciała
14–15 cm

rozpiętość skrzydeł
23 cm

pożywienie
owady i pająki, jesienią jagody

gniazdo i jaja
Ukryte w trawie gniazda buduje na ziemi, w pobliżu wody, z liści, suchych gałązek, mchu. Składa 5–7 jaj.

opis gatunku

Jest nieśmiały i skryty, nazywany słowikiem północy. U nasady ogona ma dwie rdzawe plamy, a na końcu szeroką czarną pręgę. Nad okiem znajduje się wyraźna biała brew. Ozdobą samca w okresie godowym jest niebieskie ubarwienie na podgardlu i piersi, obwiedzione czarną i rdzawą obwódką. W zależności od podgatunku samiec na niebieskim podgardlu ma rdzawą albo białą plamkę, która bieleje w szacie spoczynkowej. Spód ciała jest biały, wierzch – brunatny. Samice mają brązowy wierzch ciała i biały spód z czarną obróżką na piersi i jasnym wąsem pod dziobem.

występowanie

Zimuje w północnej Afryce i od Iranu po Półwysep Indochiński. W Polsce występuje na niżu, szczególnie w dolinach dużych rzek. Preferuje miejsca wilgotne, podmokłe łąki, obrzeża lasów i parki.

Pokląskwa

Saxicola rubetra

rodzina: muchołówkowate

rząd: **wróblowe**

lęgowe, śpiewające, wędrowne

opis gatunku

Ma wyprostowaną sylwetkę, pstrokaty ciemnobrązowy wierzch ciała, skrzydła i głowę oraz jasny spód. Samiec ma charakterystyczną białą brew i obrzeżone na biało gardło koloru rdzawobrązowego. Policzki i kantarki w szacie godowej są bardzo ciemne. Na skrzydłach widoczne są białe pręgi, boki brązowego ogona są białe. Samica ma bardziej jednolite ubarwienie, jaśniejsze skrzydła i policzki.

występowanie

Zimuje w Afryce Środkowej i Wschodniej, na południe od Sahary. W Polsce występuje dość licznie w całym kraju na otwartych wilgotnych terenach bagiennych i w dolinach rzecznych. Spotkać ją można także w niewysokich górach.

masa

14–21 g

długość ciała

15 cm

rozpiętość skrzydeł

20 cm

pożywienie

owady – zbierane na ziemi lub w locie

gniazdo i jaja

Gniazdo wije ze źdźbełek, drobnych gałązek i włosia zwierząt, zazwyczaj na ziemi, ukryte wśród traw. Składa 4–7 jaj.

rzqd: wróblowe

rodzina: płochacze

Pokrzywnica (puchacz pokrzywnica)

Prunella modularis

lęgowe, śpiewające, wędrowne

masa
21 g

długość ciała
15 cm

rozpiętość skrzydeł
22 cm

pożywienie
owady i ich larwy, poczwarki, pająki i ślimaki

gniazdo i jaja
Czarkowate gniazdo wije nisko w drzewach lub krzewach iglastych. Składa 4–5 jaj.

opis gatunku

Podobny do wróbla mały ptak, ale ma delikatniejszy dziób, a przednia część ciała i głowa są niebieskawoszare. Wierzch jest prążkowany w brązowych odcieniach. Wiosną samce perliście śpiewają, siedząc na czubkach drzew.

występowanie

Zimuje na południu Europy i w basenie Morza Śródziemnego, część ptaków także zimuje u nas. W Polsce występuje na obszarze całego kraju, w górach do wysokości 2000 m n.p.m. Spotkać ją można głównie w lasach mieszanych.

Pomurnik

Tichodroma muraria

rodzina: pomurnik

rząd: **wróblowe**

ęgowe, śpiewające, osiadłe

opis gatunku

Pięknie ubarwiony, szczególnie ładne są szerokie zaokrąglone skrzydła z dużymi czerwonymi plamami i białymi perełkami. Ma długi, lekko zakrzywiony dziób. Spód ciała jest szary, gardło i pierś są czarne latem, zimą natomiast jasnoszare. Samica ma latem jedynie czarną plamę na gardle. Pełza po stromych ścianach skał, pomagając sobie przy tym skrzydłami. U nas jest gatunkiem nielicznym lęgowo.

występowanie

Jest gatunkiem osiadłym. Występuje w Tatrach i Pieninach. Zimą przenosi się w niższe partie gór, a także na tereny zabudowane. Gnieździ się w trudno dostępnych miejscach górskich, gniazda buduje z mchu na skalnych zboczach.

masa

17–19 g

długość ciała

16 cm

rozpiętość skrzydeł

27 cm

pożywienie

owady i pająki

gniazdo i jaja

Samice budują gniazda w szczelinach skalnych. Składa 3–5 jaj.

rodzina: trznadlowate

Potrzos

Emberiza schoeniclus

rząd: **wróblowe**

lęgowe, śpiewające, wędrowne

masa
20 g

długość ciała
15 cm

rozpiętość skrzydeł
21–27 cm

pożywienie
owady, nasiona traw i chwastów

gniazdo i jaja
Gniazda buduje w kępie gęstej roślinności lub u podstawy krzewu. Składa 4–6 jaj.

opis gatunku

Podobny do wróbla. Samiec w szacie godowej jest łatwy do rozpoznania po białej obroży, czarnym kapturze i krawacie. Spód ciała jest biały z szarym paskowaniem po bokach i na piersi, wierzch ciała z kolei rdzawobrązowy z ciemnymi paskami. W upierzeniu spoczynkowym głowa jest pręgowana, brązowa. Samica ma kreskowaną głowę i jasnobrązowe gardło okolone brązowymi paskami podbródkowymi.

występowanie

Zimuje w południowej Azji i północno-zachodniej Afryce, ale również w Polsce, na zachodzi kraju. To rzadko spotykany lęgowo ptak, liczniej występuje na Niżu Polskim. Zamieszkuje zarośnięte trzcinami tereny podmokłe. Najłatwiej wypatrzyć go latem.

Przepiórka
Coturnix coturnix

rodzina: kurowate

rząd: **grzebiące**

lęgowe, wędrowne

opis gatunku

Ubarwienie jest kremowobiałe, ma ciemnobrązowe smugi wzdłuż ciała. Samiec ma ciemne podgardle. Nad okiem widoczna jest biała brew. Prowadzi naziemny i skryty tryb życia, przebywając w niskiej i gęstej roślinności. Dosyć szybko lata.

występowanie

Zimę spędza na obszarze od basenu Morza Śródziemnego po tropikalną Afrykę. W Polsce należy do nielicznych ptaków lęgowych występujących na terenie całego kraju. Najczęściej można ją spotkać na polach uprawnych i łąkach z kępami drzew.

masa

110 g

długość ciała

18 cm

rozpiętość skrzydeł

36 cm

pożywienie

pokarm roślinny, szczególnie nasiona chwastów, wzbogacony drobnymi bezkręgowcami

gniazdo i jaja

Gniazdo, usłane z suchych źdźbeł, buduje na ziemi, w trawie, w zbożu, pod osłoną niskiego krzewu. Składa 7–16 jaj.

rodzina: puszczykowate

Puchacz
Bubo bubo

rząd: **sowy**

lęgowe, osiadłe

masa
2–4 kg

długość ciała
70 cm

rozpiętość skrzydeł
165 cm

pożywienie
małe i średnie ptaki i ssaki, na przykład myszy, zające, szczury, wrony, gołębie

gniazdo i jaja
Na terenach nizinnych zajmuje opuszczone gniazda dużych ptaków (bocianów, myszołowów). W górach gniazduje na półkach skalnych i w załomach skał. Składa 2–3 jaja.

opis gatunku
Największa i najbardziej potężna europejska sowa, pięknie ubarwiona z charakterystycznymi pierzastymi uszami położonymi poziomo, stawianymi, gdy ptak jest zaniepokojony lub nawoływany. Oczy ma ognistopomarańczowe. Mały haczykowaty dziób jest otoczony jasnymi piórami, podbródek biały. Upierzenie jest w różnych odcieniach brązu, imitujące korę, od spodu jaśniejsze, bardziej żółtawe z ciemnym kreskowaniem, grubszym na piersi. Samica jest większa i ardziej płochliwa niż inne sowy. Puchacz jest aktywny o zmierzchu i o świcie, bardzo płochliwy.

występowanie
W Polsce to nieliczny ptak lęgowy, występujący na północnym wschodzie. Zasiedla stare, zwarte, rozległe lasy w pobliżu terenów otwartych, występuje także w górach.

Pustułka
Falco tinnunculus

rodzina: sokołowate

rząd: **sokołowe**

drapieżne, lęgowe, osiadłe

opis gatunku

Ogon ma znacznie dłuższy niż inne sokoły. Obwódka oczu, nogi i nasada dzioba są żółte. U obydwu płci spód ciała jest kremowy. Samiec ma rudy grzbiet z ciemnymi plamami, które występują też na pokrywach skrzydłowych. Lotki są ciemnobrązowe, głowa i pokrywy nadogonowe szaroniebieskie. Koniec ogona jest czarny. Samica ma rudawy wierzch i ogon z wyraźnym ciemnym poprzecznym prążkowaniem. Często zawisa w powietrzu w jednym miejscu, energicznie trzepocąc skrzydłami.

występowanie

Zimuje w Europie Środkowej, nielicznie także u nas. Nierównomiernie występuje w całej Polsce. Zamieszkuje grupy drzew na łąkach i wśród pól, na obrzeżach lasów.

masa

180–280 g

długość ciała

32–35 cm

rozpiętość skrzydeł

68–74 cm

pożywienie

owady, małe gryzonie i ptaki

gniazdo i jaja

Często zajmuje gniazda innych ptaków, na przykład wron czy gołębi. Jaja składa także w szczelinach skalnych lub na murach. Składa 3–7 jaj.

rodzina: remizy

Remiz

Remiz pendulinus

rząd: **wróblowe**

lęgowe, śpiewające, wędrowne

masa
9 g

długość ciała
11 cm

rozpiętość skrzydeł
16–17 cm

pożywienie
owady, pająki, jesienią nasiona trzciny

gniazdo i jaja
Buduje wiszące na końcach gałęzi gniazda w niedostępnych miejscach, często w pobliżu wody. Składa 5–8 jaj.

opis gatunku

Wierzch głowy i kark są szare, tułów i grzbiet rdzawokasztanowe (u samicy jaśniejsze), kuper i brzuch jaśniejsze. Lotki i sterówki są czarnobrązowe z jaśniejszymi brzegami. Dorosłe osobniki wyróżnia czarna maska. W zachowaniu podobne do sikor.

występowanie

Zimuje na południu Europy, w Azji Mniejszej, w Indiach i południowych Chinach. W Polsce nieliczny lęgowo. Występuje na całym niżowym obszarze kraju. Spotkać go można w kępach drzew nad brzegami rzek, jezior i na podmokłych łąkach.

Rokitniczka

Acrocephalus schoenobaenus

rodzina: trzciniaki

rząd: **wróblowe**

lęgowe, śpiewające, wędrowne

opis gatunku

Nie należy do ptaków płochliwych. Wierzch głowy i grzbiet są kreskowane w jasnobrązowe i czarne szerokie pasy tworzące smugi. Beżowobrązowe skrzydła są również pokryte kreskowaniem. Spód jest jednolicie białobeżowy z bladopomarańczowym nalotem na bokach, które zimą jest kreskowane. Nad okiem przebiega wyraźna bardzo jasna brew. Ładnie śpiewa, naśladując także głosy innych ptaków.

występowanie

Zimuje w Afryce Równikowej. W Polsce to nieliczny ptak lęgowy występujący na całym niżowym obszarze. Spotkać ją można w zarastających starorzeczach, bagnach z trzcinami i turzycami oraz w okolicy jezior i stawów.

masa

12 g

długość ciała

14 cm

rozpiętość skrzydeł

20 cm

pożywienie

drobne owady

gniazdo i jaja

Para buduje gniazdo nisko w trawach i turzycach, pomiędzy łodygami roślin, tuż nad wodą. Składa 4–6 jaj.

rodzina: kaczkowate

Rożeniec

Anas acuta

lęgowe, wodne, wędrowne

masa
1,2–2,8 kg

długość ciała
52–70 cm

rozpiętość skrzydeł
87–92 cm

pożywienie
drobne bezkręgowce wodne, na przykład owady, kijanki, drobne ryby, rośliny wodne

gniazdo i jaja
Gniazdo buduje na lądzie, pod osłoną traw i turzyc. Składa 6–12 jaj.

opis gatunku

Ma długą szyję i smukłą budowę ciała. Brązowe lusterko jest od dołu ograniczone białym pasem. Kaczor ma szaroczarny dziób, a w szacie godowej długi spiczasty ogon. Głowa i górna część szyi są ciemnobrązowe, przód szyi, wole i spód – białe. Jedna z najbardziej eleganckich kaczek, pięknie upierzona. W szacie spoczynkowej obie płcie są podobne, choć samiec nieco ciemniejszy. Samica ma szarobrązowe upierzenie z brązowymi cętkami i białawym brzuchem oraz szary dziób.

występowanie

Zimuje w południowo-zachodniej Europie, Afryce Północnej, południowej Azji oraz Ameryce Południowej i Środkowej. W Polsce nielicznie gniazduje na północy kraju. Spotkać go można w dolinach rzecznych i starorzeczach.

Rudzik

Erithacus rubecula

rodzina: muchołówkowate

lęgowe, śpiewające, wędrowne

opis gatunku

Pięknie śpiewający ptak rozpoznawany dzięki rudej plamie ciągnącej się od piersi do czoła, obwiedzionej po bokach jasnoszarosinymi pasami. Brzuch jest białawy, wierzch i ogon mają popielatobrązową barwę. Młode osobniki mają żółtobrązowe upierzenie pokryte łuskowatymi plamami, a brzuch znacznie jaśniejszy.

występowanie

Zimuje w południowej i zachodniej Europie – na Półwyspie Iberyjskim, w północnej Afryce i Azji Mniejszej. Część ptaków zimuje także u nas. Występuje na terenie całej Polski. Zamieszkuje wilgotne lasy różnego typu z bogatym podszyciem. Najczęściej przebywa na ziemi, skryty tylko w sezonie lęgowym.

masa

16–18 g

długość ciała

14 cm

rozpiętość skrzydeł

22 cm

pożywienie

owady i ich larwy oraz inne drobne bezkręgowce, na przykład dżdżownice, ślimaki, zimą jagody

gniazdo i jaja

Samica ukrywa gniazdo na ziemi pod poduszką mchu lub w zagłębieniu spadzistego terenu pod korzeniami. Składa 5–6 jaj.

rodzina: mewy

Rybitwa białoczelna
Sterna albifrons

rząd: **siewkowe**

lęgowe, wodne, wędrowne

masa
40–60 g

długość ciała
21–27 cm

rozpiętość skrzydeł
45–55 cm

pożywienie
małe ryby, lądowe i wodne bezkręgowce, na przykład mięczaki, skorupiaki i owady

gniazdo i jaja
Gniazda buduje na piaszczystym lub żwirowatym brzegu, w płytkiej, otoczonej muszlami i kamieniami jamce. Składa 2–3 jaja.

opis gatunku
Najmniejsza rybitwa spotykana w Europie. Ma czarną czapkę i białe czoło ciągnące się do oka, grzbiet i skrzydła są popielate, tylko lotki dłoniowe – czarne. Reszta ciała jest biała. Wiosną i latem żółty dziób ma czarne zakończenie.

występowanie
Występujący nielicznie na polskim wybrzeżu i wzdłuż brzegów dużych rzek. Zimuje od wybrzeży Afryki Wschodniej po zachodnie wybrzeże Indii. Lata zwinnie i szybko oraz nurkuje ze znacznej wysokości. Gniazduje w małych koloniach nad dużymi rzekami, zbiornikami wodnymi oraz nad Bałtykiem.

Rybitwa białoskrzydła
Chlidonias leucopterus

rodzina: mewy

rząd: **siewkowe**

lęgowe, wodne, wędrowne

opis gatunku

W szacie godowej jest łatwo rozpoznawalna po czarnym ciele i pokrywach podskrzydłowych. Kuper i ogon są białe, pokrywy naskrzydłowe jasnoszare. Dziób i nogi ma czerwonawe. Zimą ciało jest białe, czarne upierzenie zostaje tylko na plamce usznej i tylnej części głowy. Lata nisko nad wodą, szybko nurkuje.

występowanie

Średniej wielkości ptak wodny z rodziny rybitw. Zimuje w Afryce oraz od Azji Południowej po Australię i Nową Zelandię. W Polsce rozmieszczona nierównomiernie, nielicznie gnieździ się na wschodzie kraju – nad Biebrzą i Górną Narwią oraz zbiornikiem Siemianówka. Miejscem jej występowania są bagna, płytkie zbiorniki wodne z szuwarami.

masa
60–70 g

długość ciała
21–27 cm

rozpiętość skrzydeł
55–56 cm

pożywienie
głównie owady i ich larwy, pająki, mięczaki, rzadziej żaby i małe ryby

gniazdo i jaja
Gniazda zakłada kolonijnie, na kępach roślin znajdujących się ponad lustrem wody. Składa 2–3 jaja.

rodzina: mewy

Rybitwa rzeczna

Sterna hirundo

rząd: **siewkowe**

legowe, wodne, wędrowne

masa
100–140 g

długość ciała
32–38 cm

rozpiętość skrzydeł
72–98 cm

pożywienie
ryby, skorupiaki, owady

gniazdo i jaja
Gniazda buduje na płaskich, nagich terenach, piaszczystych brzegach rzek, jezior i mórz. Składa 2–3 jaja.

opis gatunku

Można ją rozpoznać po czarnej czapce na głowie i czarnym karku. Grzbiet i skrzydła są popielatoszare, na końcach nieco ciemniejsze. Silnie rozwidlony ogon, reszta ciała jest biała. Nogi są czerwone, pomarańczowy dziób czarny na końcu, od czapeczki oddzielony cienką białą linią. Zimą wierzch głowy jest jasny z cętkami, nad okiem ma ciemną plamę, dziób jest czarny. Pokarm zdobywa, nurkując z powietrza.

występowanie

Średniej wielkości ptak należący do rodziny rybitw. Zimuje wzdłuż wybrzeży Afryki. U nas rozmieszczona na całym niżowym obszarze kraju, jest nielicznym ptakiem lęgowym. Występuje na nadmorskich plażach, nad jeziorami, na wyspach śródjeziornych, rzadko spotykana w głębi kraju.

Rybołów
Pandion haliaetus

rodzina: rybołowy

rząd: **szponiaste**

drapieżne, wodne, wędrowne

opis gatunku

Wierzch ciała jest całkowicie brązowy, spód i głowa są białe. Charakterystyczny dla niego jest ciemny pasek oczny biegnący przez głowę oraz sterczące pióra na ciemieniu i potylicy. Nogi i koniec ogona są ołowianoszare. Samica jest nieco większa. Często, trzepocząc skrzydłami, zatrzymuje się w locie i wypatruje ofiary. W locie z daleka przypomina dużą mewę. Jest przystosowany do nurkowania po ryby z lotu.

występowanie

Zimuje w Afryce i południowej Azji. W Polsce występuje na niżu, głównie na Pojezierzu Mazurskim, Pomorzu Zachodnim i w Wielkopolsce. Należy do rzadkich ptaków i jest nieliczny lęgowo, gniazduje na wysokich drzewach. Preferuje lasy, w których znajdują się zbiorniki wodne.

masa

1,6 kg

długość ciała

57 cm

rozpiętość skrzydeł

165 cm

pożywienie

wyłącznie ryby

gniazdo i jaja

Para buduje gniazdo na szczycie starego wysokiego drzewa, najczęściej sosny, niekiedy na sztucznych platformach. Składa 2–4 jaja.

rodzina: bekasowate

Rycyk

Limosa limosa

rząd: *siewkowe*

lądowe, wędrowne

masa
160–500 g

długość ciała
35–47 cm

rozpiętość skrzydeł
70–80 cm

pożywienie
bezkręgowce, m.in. skorupiaki i mięczaki, również nasiona

gniazdo i jaja
Gniazdo, osłonięte trawą, budują w płytkim dołku na ziemi. Składa 3–5 jaj.

opis gatunku

Nieliczny i bardzo hałaśliwy ptak. Ma długi prosty dziób i długie nogi. Przednia część ciała – głowa, pierś, szyja –w szacie godowej są rdzawe, wierzch brązowordzawy z ciemnymi plamkami. Ogon jest biało-czarny. Na głowie występuje podłużne kreskowanie. Samica jest nieco większa i nie tak intensywnie ubarwiona. Zimą ptak ma szarawe upierzenie w ciemniejsze plamki i biały brzuch. Lata gwałtownie i energicznie. Aktywnie broni gniazda atakując przebywającego w poblizu drapieżnika: ptaka drapieżnego człowieka, kota itp.

występowanie

Zimuje w subsaharyjskiej Afryce, w basenie Morza Śródziemnego, na Bliskim Wschodzie oraz w zachodnich Indiach. W Polsce jest ptakiem licznym lęgowo, głównie na niżu. Występuje na terenach podmokłych i wilgotnych, takich jak łąki oraz torfowiska. Najwięcej rycyków spotkać można w dolinach dużych rzek.

Samotnik

Tringa ochropus

rodzina: bekasowate

rząd: **siewkowe**

brodzące, lęgowe, wędrowne

opis gatunku

Kontrastowo ubarwiony ptak. Wierzch – grzbiet i skrzydła – są ciemnobrązowe z drobnymi jasnymi plamkami, kuper i brzuch są czysto białe. Spód skrzydeł jest brązowoczarny. Na ogonie widnieją trzy czarne poprzeczne pręgi. Nie jest towarzyskim ptakiem, stąd też jego nazwa.

występowanie

Zimuje w Europie Zachodniej, nad Morzem Śródziemnym, na Dalekim Wschodzie, w Azji Mniejszej, w Indiach i Afryce Zwrotnikowej. W Polsce liczniej spotykany w czasie wędrówek. Występuje nierównomiernie na całym niżowym obszarze kraju. Sprzyjają mu tereny podmokłe i bagniste w dolinach rzecznych.

masa

50–120 g

długość ciała

22–26 cm

rozpiętość skrzydeł

40–60 cm

pożywienie

owady i ich larwy, pająki wodne, skorupiaki

gniazdo i jaja

Gniazduje na drzewach w gniazdach innych ptaków, często drozdów, gołębi, wron, na terenach blisko wody lub na torfowiskach. Składa 4 jaja.

rodzina: sieweczkowate

Sieweczka obrożna
Charadrius hiaticula

rząd: **siewkowe**

legowe, wędrowne

masa
40–80 g

długość ciała
18–20 cm

rozpiętość skrzydeł
40–57 cm

pożywienie
głównie owady, pajęczaki, małe ślimaki, skorupiaki

gniazdo i jaja
Składa 4 jaja w zagłębieniu w piasku, wyłożonym skorupkami małżów i kamyczkami.

opis gatunku

Ma czarną obrożę na białej piersi, pokrywy uszne i ciemny pas na czole są szczególnie wyraźne u samca. Samica ma węższą i bardziej brązową obrożę. Wierzch ciała jest brązowy – czubek głowy, grzbiet i pióra. Ma białe pasy skrzydłowe i jasnopomarańczowe nogi. Szyja i spód ciała są białe. Dorosłe mają pomarańczowy dziób z czarnym końcem. Bardzo szybko biega.

występowanie

Zimuje w pasie od Wysp Brytyjskich do Afryki. W Polsce spotykana liczniej podczas przelotów. Występuje w pobliżu wody, na wydmach i nadmorskich plażach, także nad brzegami rzek lub na żwirowiskach. Gniazduje wzdłuż wybrzeża Bałtyku oraz nad nieuregulowanymi odcinkami dużych rzek, takich jak: Wisła, Bug, Narew, Pilica i Warta.

Sieweczka rzeczna
Charadrius dubius

rodzina: sieweczkowate

rząd: **siewkowe**

lęgowe, wędrowne

opis gatunku

Jest bardzo podobny do siweczki obrożnej, ale nieco mniejszy. Ma mniejszą obrożę na piersi i czarny pasek na czole, powyżej którego jest węższy biały pasek. Skrzydła ma całe brązowe, bez białej smugi, a dziób cały czarny. Ma charakterystyczną żółtą obrączkę wokół oka. Unika przebywania w stadach, szybko biega i gwałtownie się zatrzymuje.

występowanie

Zimuje na południe od Sahary, na Półwyspie Arabskim i od wschodnich Chin po Indonezję. U nas to najpospolitsza sieweczka, nielicznie gnieździ się w całym kraju. Występuje na terenach o ubogiej roślinności, w pobliżu słodkich i słonych wód.

masa

25–55 g

długość ciała

15–18 cm

rozpiętość skrzydeł

34–48 cm

pożywienie

głównie owady, pajęczaki, małe ślimaki, skorupiaki

gniazdo i jaja

Samiec wygrzebuje w piasku kilka gniazd, a samica wybiera te odpowiednie i wykłada je kamieniami, muszlami i źdźbłami.

rodzina: skowronki

Skowronek polny

Alauda arvensis

rząd: **wróblowe**

lęgowe, wędrowne, śpiewające

masa
37 g

długość ciała
17 cm

rozpiętość skrzydeł
35 cm

pożywienie
owady i nasiona

gniazdo i jaja
Samica buduje gniazdo na ziemi, dobrze ukryte w trawie i zbożu. Składa 3–5 jaj.

opis gatunku

Ptak o smukłej sylwetce, ubarwiony jasnobrązowo z ciemnym cętkowaniem. Spód ciała jest ciemniejszy, na piersi występuje ciemne kreskowanie. W locie widoczne są białe brzegi ogona. Ma niewielki czubek. Samica jest nieco większa. Śpiewa srebrzyście, wysoko wzlatując .

występowanie

Zimuje w basenie Morza Śródziemnego i w Afryce Północnej, corocznie odnotowuje się, że zimuje także w Polsce. Zwiastun naszej wiosny – to pierwszy ptak, który do nas przylatuje. Wędruje zwykle w dużych stadach. Spotkać go można na polach i łąkach w całym kraju.

Słonka
Scolopax rusticola

rodzina: bekasowate

rząd: **siewkowe**

lęgowe, wędrowne

opis gatunku

Średniej wielkości ptak, rozmiarami przypominający gołębia, o maskującym rdzawobrązowym ubarwieniu pokrytym brązowymi, czarnymi i białawymi plamami. Spód jest jaśniejszy, z poprzecznym ciemnym prążkowaniem. Szyję ma krótką, natomiast dziób długi i prosty, duże oczy osadzone wysoko i przesunięte nieco w tył głowy. Zrywa się do lotu z klaśnięciem, po czym widać jedynie rudobrązowy kształt znikający zygzakiem wśród drzew. Wędruje w nocy.

występowanie

Zimuje nad Morzem Śródziemnym i w Azji Południowo-Wschodniej. W Polsce jest nielicznym ptakiem lęgowym. Na ogół występuje w całym kraju. Czasami w czasie przelotów zatrzymuje się u nas na kilka dni i dalej leci na północ. Spotkać ją można w lasach liściastych i mieszanych z bogatym podszyciem i o wilgotnym podłożu.

masa

145–440 g

długość ciała

31–36 cm

rozpiętość skrzydeł

50–60 cm

pożywienie

dżdżownice, owady, ich larwy i inne bezkręgowce, nasiona roślin

gniazdo i jaja

Gniazda, wyściełane mchem i suchymi liśćmi, buduje w dołku w ziemi pod osłoną pnia lub grubych gałęzi. Składa 4 jaja.

rodzina: muchołówkowate

Słowik szary

Luscinia luscinia

rząd: **wróblowe**

lęgowe, wędrowne, śpiewające

masa
21–29 g

długość ciała
16–18 cm

rozpiętość skrzydeł
24–26 cm

pożywienie
owady i pająki

gniazdo i jaja
Gniazdo znajduje się bardzo nisko w krzewie lub na ziemi, zbudowane jest z traw i suchych liści. Składa 3–4 jaja.

opis gatunku

Trudny do obserwacji, ale łatwy do rozpoznania, gdy pięknie i donośnie śpiewa. Ma rdzawobrązowe upierzenie z szarawym nalotem. Spód jest jasny, brązowoszary, ogon rudawy. Śpiewa z ukrytych punktów przez prawie cały dzień, ale głównie w nocy.

występowanie

Zimuje w Afryce Południowo-Wschodniej i Środkowej. Obszarem jego występowania w Polsce jest region północno-wschodni aż do Wisły. To typowy ptak parków i ogrodów. U nas średnioliczny lęgowo.

Sokół wędrowny

Falco peregrinus

rodzina: sokołowate

rząd: **sokołowe**

drapieżne, lęgowe, wędrowne

opis gatunku

Wierzch ciała jest stalowoszary z rozjaśnieniem na kuprze. Spód i wole jest kremowe z nakrapianiem w kształcie łezek na piersi, a poniżej poprzecznym prążkowaniem. Na policzkach widoczne są czarne wąsy kontrastujące z białymi policzkami i podgardlem. Samica jest większa. Należy do najlepszych łowców i najszybszych ptaków – osiąga prędkość lotu do 320 km/h. Polując, obserwuje teren z dużej wysokości.

występowanie

Zamieszkuje rozległe lasy, kamieniołomy, góry powyżej górnej granicy lasu. W Polsce bardzo nieliczny lęgowo.

masa

550 g

długość ciała

50 cm

rozpiętość skrzydeł

90–120 cm

pożywienie

ptaki średniej wielkości, na przykład gołębie, mewy, kaczki

gniazdo i jaja

Gnieździ się na skałach, gdzie zajmuje gniazda innych ptaków. Coraz częściej również na budynkach w miastach. Składa 3–4 jaja.

rodzina: sikory

Sosnówka

Periparus ater

rząd: **wróblowe**

lęgowe, śpiewające, wędrowne

masa

8 g

długość ciała

11 cm

rozpiętość skrzydeł

18 cm

pożywienie

Żywi się owadami i jajeczkami zbieranymi z drzew iglastych. W zimie zjada nasiona sosen, jodeł i świerków.

gniazdo i jaja

Jej gniazda znajdują się w dziuplach drzew. Samica znosi 7–10 jaj, białych z rdzawymi kropkami.

opis gatunku

Najmniejszy ptak z rodziny sikor występujący w Polsce. Należy do ptaków żywotnych i odważnych. Można ją rozpoznać po białych policzkach i białej plamie na karku. Spód ciała ma w kolorze płowym, ogon zaś krótki.

występowanie

W Polsce należy do ptaków lęgowych i zimujących. Zimą podejmuje niewielkie wędrówki do południowych regionów swego występowania. Nielicznie występuje w całym kraju, licznie lęgowo w górach, na Pomorzu, Mazurach i Podlasiu. Preferuje lasy iglaste, rzadziej mieszane. Poza sezonem lęgowym dołącza do innych sikor.

Sóweczka

Glaucidium passerinum

rodzina: puszczykowate

rząd: sowy

lęgowe, osiadłe

opis gatunku

Najmniejsza z europejskich sów, ma brązowe upierzenie z białymi drobnymi cętkami. Spód jest biały z podłużnym ciemnobrązowym plamkowaniem. Ma okrągłą spłaszczoną głowę z białymi brwiami zakrzywionymi pod kątem, co nadaje jej srogi wygląd. Samice są nieco większe. Jest bardzo ruchliwa również za dnia. Odzywa się o świcie i o zmierzchu, wydając dźwięki przypominające dźwięki fletu.

występowanie

Występuje w starszych i dużych lasach całej Polski, częściej spotykana na południu – w Karkonoszach, Górach Stołowych, Borach Dolnośląskich; w górach nieliczna lęgowo. Zimą można ją spotkać na otwartych przestrzeniach.

masa

55–80 g

długość ciała

17 cm

rozpiętość skrzydeł

35–45 cm

pożywienie

drobne ptaki i gryzonie, owady

gniazdo i jaja

Zamieszkuje najczęściej dziuple drzew iglastych o małym otworze wylotowym, zazwyczaj po dzięciole dużym. Składa 4–5 jaj.

rodzina: dzierzby

Srokosz
Lanius excubitor

rząd: **wróblowe**

drapieżne, lęgowe, śpiewające, osiadłe

masa
50–70 g

długość ciała
24–25 cm

rozpiętość skrzydeł
30–36

pożywienie
owady, jaszczurki, drobne ptaki i gryzonie

gniazdo i jaja
Gniazdo lokuje na średnich lub wysokich drzewach, rzadziej na krzewach. Wije jena kształt koszyka z chrustu. Składa 5–6 jaj.

opis gatunku
Silny ptak z długim ogonem. Dorosłe osobniki mają czarną ciemną maskę i białą brew. Samica jest na spodzie delikatnie prążkowana. Wierzch głowy, kark, grzbiet i barki są popielate, natomiast ogon i skrzydła czarne. Spód ciała jest bardzo jasny z szarym nalotem. Brzegi długiego ogona, podgardle i lusterko są białe. Jest średniej wielkości, mimo to poluje na duże ofiary.

występowanie
Należy do gatunków osiadłych, u nas nieliczny lęgowo, występuje na całym Niżu Polskim. Spotkać go można na terenach podmokłych z lasami i zadrzewieniami. Zimą zajmuje wysoko położone punkty obserwacyjne w zaroślach lub na bagnach.

Szczygieł
Carduelis carduelis

rodzina: łuszczaki

rząd: **wróblowe**

lęgowe, osiadłe, śpiewające, wędrowne

opis gatunku

Mały, ładnie ubarwiony ptak. Dorosłe osobniki mają czerwony przód głowy, pozostała jej część jest czarno-biała. Skrzydła ma czarne z szerokim żółtym pasem, wyraźnym w locie. Poza sezonem lęgowym można go spotkać w małych grupach. Mają taneczny sposób latania, bardzo szczebiotliwie śpiewają i nawołując się, wydają dzwoniące dźwięki.

występowanie

Występuje w Polsce nizinnej, średnio liczny lęgowo. Zamieszkuje otwarte tereny upraw, parki i ogrody, skraje lasów. Prowadzi osiadły tryb życia, w przypadku ciężkich zim większość szczygłów przemieszcza się na południe.

masa
16 g

długość ciała
12–14 cm

rozpiętość skrzydeł
23 cm

pożywienie
nasiona chwastów, latem również owady

gniazdo i jaja
Gniazda buduje ze źdźbeł i włosa, wysoko w koronie drzew. Znosi 4–6 jaj.

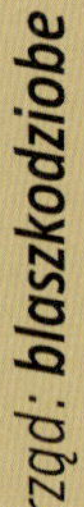

rodzina: kaczkowate

Szlachar

Mergus serrator

wodne, wędrowne, lęgowe

masa
0,7–1,4 kg

długość ciała
52–60 cm

rozpiętość skrzydeł
83 cm

pożywienie
drobne ryby słodkowodne i morskie

gniazdo i jaja
W Polsce gniazduje nad jeziorem Wdzydze. Gniazdo buduje na suchym gruncie, w trawie, pod krzewem, wyściełane suchą roślinnością. Składa 4–14 jaj.

opis gatunku

Duży ptak z rodziny kaczkowatych, o smukłym czerwonym dziobie z haczykiem i ostrymi ząbkami. U obu płci w tyle głowy jest czub. Samiec w upierzeniu godowym ma czarną głowę z metalicznym połyskiem. Przez biały dół szyi biegnie czarna linia wzdłuż kręgosłupa, grzbiet ma czarną barwę, ogon szarą. Pierś jest rdzawa z ciemnymi podłużnymi pręgami, za rdzawą częścią znajduje się czarna, pokryta białymi plamami. Samica ma głowę i szyję rdzawe, podgardle i przód szyi białe o rozmytych brzegach, reszta ciała jest szara z ciemnym deseniem.

występowanie

Zimuje nad brzegami Morza Śródziemnego, Czarnego, Północnego i Bałtyku oraz na wybrzeżach azjatyckich. W Polsce zimuje na wybrzeżu, licznie widziany w czasie przelotów, zazwyczaj w małych grupach. Preferuje czyste wody stojące i bieżące, fiordy i małe wyspy.

Szlamnik

Limosa lapponica

rodzina: bekasowate

rząd: **siewkowe**

brodzące, wędrowne

opis gatunku

Szlamnik ma bardzo długi, lekko zadarty w górę dziób i długie nogi. W szacie godowej wierzch ciała jest brązowy z ciemnymi cętkami, natomiast spód rdzawobrązowy. Zimą spód przybiera jasne, kremowe upierzenie z rdzawym nalotem na brzegach. Na skrzydle widoczna jest wąska biała kreska. Od połowy białego ogona występują ciemne wąskie, poprzeczne pręgi. Żeruje w niezbyt głębokiej wodzie. Może odbywać bardzo długie loty.

występowanie

Średniej wielkości ptak z rodziny bekasowatych. Występuje od Laponii, poprzez Półwysep Kanin, po Tajmyr. Nie gnieździ się w Polsce, jedynie przelatuje przez nasz kraj, lecąc na zimowiska nad Morzem Śródziemnym. Można go obserwować niemal regularnie nad Bałtykiem.

masa

190–600 g

długość ciała

36–41 cm

rozpiętość skrzydeł

66–80 cm

pożywienie

mięczaki morskie, pierścienice, owady

gniazdo i jaja

Gniazda budują w płytkim dołku na ziemi osłonięte trawą. Składa 3–5 jaj.

rodzina: mewy

Śmieszka

Chroicocephalus ridibundus

rząd: **siewkowe**

wodne, lęgowe, wędrowne

masa
260–350 g

długość ciała
38–40 cm

rozpiętość skrzydeł
95 cm

pożywienie
wodne i lądowe bezkręgowce, ale też myszy i żaby

gniazdo i jaja
Usłane z suchych źdźbeł gniazda buduje najczęściej na brzegach jezior i stawów. Składa 2–3 jaja.

opis gatunku
Nieduża mewa, najpospolitszy gatunek w kraju z rodziny mew. W porze godowej głowa jest czekoladowobrązowa, w zimie natomiast biała, z ciemną plamą w okolicy ucha. Wierzchnia strona skrzydeł jest jasna, przy końcu biała z czarnymi brzegami. Dziób i nogi są ciemnobrązowoczerwone. Jest bardzo towarzyska, często gniazduje w wielotysięcznych koloniach.

występowanie
Zasiedla wybrzeża, wody śródlądowe z płaskimi i zarośniętymi brzegami. Zimuje w Europie Południowej i Zachodniej, zachodniej Afryce i zachodniej Azji. W Polsce zimuje nad Bałtykiem oraz nad większymi rzekami. Występuje na Niżu Polskim.

Śnieguła
Plectrophenax nivalis

rodzina: poświerki

rząd: **wróblowe**

śpiewające, wędrowne

opis gatunku

Samiec w upierzeniu godowym ma barwę czarno-białą, szczególnie skrzydła. Samica ma brudnoszarą głowę, czarnoszary grzbiet i pokrywy skrzydłowe oraz białe lotki drugorzędowe. W szacie spoczynkowej obie płcie mają szerokie płowe brzegi piór wierzchu ciała, na głowie, policzkach i piersi – rdzawe. Dziób jest żółty, nogi natomiast czarne. Śpiewa melodyjnie w locie lub siedząc na kamieniu.

występowanie

Gnieździ się na kontynentach obszaru tundry. Jest ptakiem najdalej gniazdującym na północy Grenlandii. W Polsce śniegułę można spotkać podczas przelotów i w porze zimowej. Jej ubarwienie zależy od pory roku, wieku i płci. Zimą gromadzi się w stada, niekiedy przed zimnem chowa się w śniegu.

masa

35–40 g

długość ciała

16–19 cm

rozpiętość skrzydeł

29–33 cm

pożywienie

nasiona, latem owady

gniazdo i jaja

Gniazda, wyścielane piórami i włosiem, buduje między kamieniami, w załomach skalnych. Składa 4–6 jaj.

rząd: wróblowe

rodzina: drozdy

Śpiewak (drozd śpiewak)

Turdus philomelos

lęgowe, śpiewające, wędrowne

masa
60–70 g

długość ciała
22 cm

rozpiętość skrzydeł
33–36 cm

pożywienie
owady, dżdżownice, drobne ślimaki

gniazdo i jaja
Gniazda buduje w kształcie koszyka ze źdźbeł i mchu, przeważnie nisko na świerku lub jodle. Składa 4–6 jaj.

opis gatunku
Jest znany z różnorodnego śpiewu, który rozbrzmiewa aż do zmroku. Naśladuje także słyszalne dźwięki otoczenia. Grzbiet ma jednolicie brązowy, na kremowożółtym spodzie występuje czarne kropkowanie. Przód spodu skrzydeł jest pomarańczowożółty.

występowanie
Zimuje w Europie Południowej, na wybrzeżach belgijskich, holenderskich i na Wyspach Brytyjskich. W Polsce występuje w lasach różnego typu, śródpolnych zadrzewieniach i w parkach.

Świergotek polny
Anthus campestris

rodzina: pliszkowate

rząd: **wróblowe**

lęgowe, śpiewające, wędrowne

opis gatunku

Największy ze wszystkich świergotków występujących w Polsce. Upierzenie ma piaskową barwę, bardzo delikatnie kreskowany na wierzchu i na piersi. Dobrze widoczne są natomiast jasna brew i ciemny kantarek. Ogon jest długi, ciemny, z białymi brzegami. Ma zwyczaj podskakiwać w czasie żerowania. Śpiewa w bardzo charakterystyczny sposób, wzbijając się wysoko.

występowanie

Zimuje w Afryce i na Półwyspie Indyjskim. W Polsce nielicznie lęgowy na niżu. Spotkać go można na skrajach lasów z ubogą roślinnością, na ugorach, nadmorskich wydmach.

masa

20–27 g

długość ciała

16 cm

rozpiętość skrzydeł

27 cm

pożywienie

drobne owady, rzadziej nasiona

gniazdo i jaja

Gniazda buduje w wygrzebanym w ziemi dołku, zbudowanym z kawałków mchu, liści, korzonków, pod osłoną roślinności. Składa 4–5 jaj.

rodzina: XXX

Świergotek łąkowy
Anthus pratensis

rząd: **wróblowe**

łęgowe, śpiewające, wędrowne

masa
20 g

długość ciała
14–15 cm

rozpiętość skrzydeł
20–25 cm

pożywienie
owady, sporadycznie nasiona

gniazdo i jaja
Gniazda buduje w dołku w ziemi ze źdźbeł, dobrze osłonięte kępą traw. Składa 4–5 jaj.

opis gatunku

Najmniejszy z polskich świergotków. Ma szarozielone upierzenie z wyraźnym kreskowaniem, prążkowane boki o bardzo jasnym spodzie i cienki prosty dziób. Na pstrokatym upierzeniu trudno dostrzec delikatną brew i jasne wąsy. W locie widać białe brzegi ciemnego ogona.

występowanie

Zimuje na południu Europy, w Afryce Północnej i Azji Południowej. W Polsce średnioliczny i szeroko rozpowszechniony ptak lęgowy na niżowym obszarze kraju, także w Sudetach. Lubi otwarte wilgotne tereny. Występuje na bagnach, rozlewiskach rzek, nieużytkach i torfowiskach.

Świstun
Anas penelope

rodzina: kaczkowate

rząd: **blaszkodziobe**

lęgowe, wodne, wędrowne

opis gatunku

Samiec w szacie godowej jest ładnie upierzony – ma kremowe czoło i wierzch głowy, boki głowy i szyję kasztanowordzawe, wierzch i boki ciała popielate z poprzecznym, falistym, biało-czarnym prążkowaniem. Pierś jest różowopopielata, lusterko zielone, z czarną otoczką (bardziej wyraźne niż u samicy). Na skrzydłach ma biały szeroki pas. Samica ma jednolite brązowe upierzenie z ciemnymi plamkami. Ubarwienie letnie obu płci jest podobne (samiec nieco jaskrawszy), z jasnym paskiem pod skrzydłami.

występowanie

Zimuje w południowej i zachodniej Europie i południowej Azji. U nas liczny tylko podczas przelotów, przebywa wówczas w stadach na rozległych wodach w północnej Polsce i na Bagnach Biebrzańskich. Gniazduje bardzo nielicznie na północy Polski.

masa

420–950 g

długość ciała

45–50 cm

rozpiętość skrzydeł

70–85 cm

pożywienie

głównie rośliny wodne i ich nasiona, pędy, kłącza i liście, rzadziej mięczaki

gniazdo i jaja

Gniazda buduje w pobliżu wody, pod krzewami lub w kępach traw. Składa 4–11 jaj.

rodzina: świstunki

Świstunka leśna

Phylloscopus sibilatrix

rząd: **wróblowe**

legowe, śpiewające, wędrowne

masa
10 g

długość ciała
12–13 cm

rozpiętość skrzydeł
19 cm

pożywienie
drobne, miękkie owady, pająki i inne bezkręgowce

gniazdo i jaja
Buduje gniazda z różnego materiału, zazwyczaj na ziemi lub tuż nad nią, w gęstej trawie lub krzewie. Składa 4–6 jaj.

opis gatunku

Jest bardzo podobna do pierwiosnka, ale większa. Wierzch ciała ma zielonkawożółty, spód czysto biały, podgardle, pierś i brew nad okiem są żółte. Nogi są jasne, żółtawobrązowe. Jest ptakiem bardzo ruchliwym. Śpiew świstunki jest miły dla ucha, często śpiewa, przelatując z gałęzi na gałąź.

występowanie

Zimuje w Afryce Równikowej. Występuje na obszarze całego kraju, także w górach do wysokości 1200 m n.p.m. Zamieszkuje głównie lasy liściaste, mieszane, rzadziej iglaste.

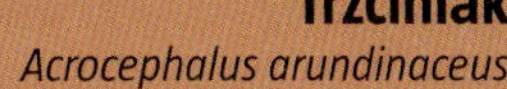

Trzciniak

Acrocephalus arundinaceus

rodzina: trzciniaki

rząd: **wróblowe**

łęgowe, śpiewające, wędrowne

opis gatunku

Barwą przypomina słowika, ale ma dłuższy i bardziej masywny dziób. Ma wyraźną jasną brew, wierzch ciała oliwkowobrązowy, głowę nieco ciemniejszą. Kuper jest żółtawobrązowy, gardło białe, spód kremowy, ciemniejszy na bokach. Śpiewa, wydając głośne i charakterystyczne szorstkie dźwięki.

występowanie

Zimuje w południowej Afryce, na Półwyspie Indyjskim. W naszym kraju występuje na niżu. Spotkać go można w trzcinowiskach nad jeziorami i stawami, a także wzdłuż cieków.

masa

35 g

długość ciała

20 cm

rozpiętość skrzydeł

28 cm

pożywienie

głównie owady

gniazdo i jaja

Gniazda buduje w gęstych i wysokich trzcinowiskach, nad lustrami wody, gęsto splecione w głęboki koszyczek przymocowany do łodyg trzciny. Składa 3–6 jaj.

rodzina: gołębiowate

Turkawka
Streptopelia turtur

rząd: **gołębiowe**

lęgowe, wędrowne

masa
140–160 g

długość ciała
27 cm

rozpiętość skrzydeł
54 cm

pożywienie
drobne nasiona chwastów i zbóż, owoce zbierane na ziemi

gniazdo i jaja
Płytkie gniazdo usłane z gałązek budują zazwyczaj w koronie drzew. Składa 2 jaja.

opis gatunku
Mniejsza i smuklejsza od gołębia domowego. Grzbiet ma brązowy z ciemniejszymi łuskami. Boki szyi są czarno-białe. Gardło i pierś mają różowobeżowy nalot. Biały koniec długiego ogona widoczny jest podczas lotu. Czerwona obrączka powiekowa jest bardzo wyraźna. Łatwo ją wykryć po charakterystycznym turkoczącym głosie.

występowanie
Zimuje w Afryce Środkowej. W Polsce rozmieszczona na obszarze całego kraju. W południowej części Polski dość liczna lęgowo. Występuje wśród zadrzewionych pól, w parkach, a także w gęstych żywopłotach.

Uhla
Melanitta fusca

rodzina: kaczkowate

rząd: **blaszkodziobe**

wodne, wędrowne

opis gatunku

Samiec jest intensywnie czarny, ma białą plamkę przy oku, dziób żółtopomarańczowy z czarną naroślą u nasady. Samica jest brązowoszara z białawymi plamami u nasady dzioba i za okiem. Dziób jest szary, narośl natomiast mniej wyraźna niż u samca. Obydwie płcie mają białe lusterko na skrzydle.

występowanie

Zimuje na wybrzeżu Atlantyku, Morza Północnego i Bałtyku oraz w basenie Morza Śródziemnego, nad Morzem Czarnym i Kaspijskim. Występuje głównie nad jeziorami i rzekami strefy tajgi i tundry, jak również wzdłuż północnych wybrzeży Skandynawii po Jenisej. W Polsce dość licznie występuje na wybrzeżu, pojawia się też w głębi lądu.

masa

0,8–2 kg

długość ciała

48–57 cm

rozpiętość skrzydeł

95 cm

pożywienie

głównie małże, ślimaki, dodatkowo rośliny, owady i małe ryby

gniazdo i jaja

Gniazduje nad brzegami jezior, w dołku wyścielanym puchem. Składa 5–17 jaj.

rodzina: puszczykowate

Uszatka

Asio otus

rząd: **sowy**

lęgowe, osiadłe, wędrowne

masa
270 g

długość ciała
35 cm

rozpiętość skrzydeł
95 cm

pożywienie
głównie gryzonie

gniazdo i jaja
Zajmuje stare, opuszczone lęgowiska, na przykład wron, srok, kruków. Wykorzystuje również wiklinowe kosze lęgowe. Gniazda wykłada korą, piórami i mchem. Składa 5–6 jaj.

opis gatunku
Ubarwieniem i kształtami (uszy na głowie – niewidoczne w locie, pomarańczowe tęczówki) jest podobna do puchacza, ale o połowę od niego mniejsza. Upierzenie ma rdzawobrązowe pstrokate, w ciemne plamki i kreski, spód jaśniejszy, prążkowany pionowymi kreskami. Samice są nieco większe, samce natomiast mają jaśniejszy spód skrzydeł. Aktywna nocą, poluje o świcie i o zmierzchu. Żyje w ukryciu. Lata wolno, nisko nad ziemią, choć bardzo sprawnie.

występowanie
W Polsce rozmieszczona na niżu, nieliczna lęgowo. Występuje w lasach mieszanych, parkach, śródpolnych zadrzewieniach. Ma charakterystyczne długie uszy z piór.

Uszatka błotna

Asio flammeus

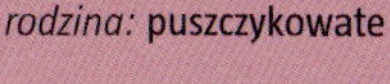

rodzina: puszczykowate

rząd: **sowy**

lęgowe, wędrowne

opis gatunku

Upierzenie nieco bardziej żółtawe niż u uszatki, ale również kreskowane, zarówno grzbiet, jak i pierś. Sylwetkę ma bardziej pochyloną niż inne sowy. Oczy są żółte, czarno obrzeżone, uszy natomiast mniejsze, niekiedy niewidoczne. Lata również za dnia. Ma duże skrzydła, które w czasie lotu rozkłada w literę „V". Poluje, nisko szybując.

występowanie

Występuje w całym kraju, niezbyt liczna lęgowo. Jedna z nielicznych sów, które można zobaczyć w dzień. Spotkać ją można na bagnach, wrzosowiskach oraz na małych wzniesieniach porośniętych wysoką trawą.

masa

300 g

długość ciała

35 cm

rozpiętość skrzydeł

100 cm

pożywienie

głównie gryzonie

gniazdo i jaja

Jedyna sowa, która wyściela gniazdo, zawsze na ziemi, w suchym miejscu, wśród suchych traw i wrzosów. Składa 4–7 jaj.

rodzina: wąsatek

Wąsatka

Panurus biarmicus

rząd: wróblowe

lęgowe, śpiewające, osiadłe

masa
14 g

długość ciała
15 cm

rozpiętość skrzydeł
16–18 cm

pożywienie
owady, pająki, zimą nasiona trzcin

gniazdo i jaja
Gniazdo umieszczone jest nisko nad wodą w trzcinach, zbudowane z suchych liści trzciny.

opis gatunku

Ma długi ogon i krótkie skrzydła, upierzenie ma ogólnie barwę jasnocynamonową, spód jest bardzo jasny, barki natomiast rdzawożółte. Na skrzydłach widać brązowo-czarno-białe pasy. Żółty dziób jest lekko zagięty. Samiec ma wyraźne czarne zwisające wąsy i czarne pokrywy podogonowe. Samica ma bardziej matowe upierzenie, nie ma wąsów, a jej pokrywy podogonowe są beżowe. Bardzo aktywna, wspina się i przeskakuje nisko między trzcinami. Śpiewa brzęcząco i głośno.

występowanie

U nas jest ptakiem osiadłym, nielicznie występuje na niżu, częściej spotykana na zachodzie, m.in. na Pomorzu Zachodnim, nad Zalewem Wiślanym, w dolinie Baryczy. Zamieszkuje zarośla, trzcinowiska gdzie też gniazduje.

Wilga
Oriolidae

rodzina: wilgi

rząd: **wróblowe**

lęgowe, śpiewające, wędrowne

opis gatunku

Ptak pięknie upierzony, szczególnie samiec. Tęczówki i dziób ma czerwone, nogi natomiast niebieskoszare. Upierzenie samca na głowie, grzbiecie i spodzie ciała jest jaskrawożółte. Skrzydła i część ogona są czarne, jedynie brzegi ogona – żółte. Przez oko biegnie czarny pasek. Samica jest szarozielonkawa na wierzchu, brzuch ma białoszary z ciemniejszym podłużnym kreskowaniem. Skrzydła ma ciemne, oliwkowozielone. Jest płochliwy, przebywa wysoko w koronach drzew w gęstym listowiu. Śpiewa melodyjnie, najczęściej przed deszczem.

występowanie

Zimuje w Afryce, w Polsce średnio liczny lęgowo na niżu – poza górami. Występuje w lasach liściastych i mieszanych, zadrzewieniach śródpolnych, parkach i starych ogrodach.

masa

75 g

długość ciała

23–25 cm

rozpiętość skrzydeł

44–47 cm

pożywienie

owady i jagody

gniazdo i jaja

Gniazda buduje w rozwidleniu gałęzi, kilka metrów nad ziemią, mają kształt misternie uwitej czarki. Składa 3–5 jaj.

rzqd: **sowy**

rodzina: puszczykowate

Włochatka

Aegolius funereus

lęgowe, osiadłe

masa
100–200 g

długość ciała
25 cm

rozpiętość skrzydeł
56 cm

pożywienie
drobne gryzonie i ptaki

gniazdo i jaja
Często gniazduje w opuszczonych dziuplach dzięciołów, czasami w budkach lęgowych. Składa 2–7 jaj.

opis gatunku

Mała sowa z wyraźną kolistą jasnoszarą szlarą, ciemniejszą wokół oczu i na brzegach, czyli talerzowato ułożonymi piórami wokół dzioba i oczu. Wyraźnie zaznaczają się białe uniesione brwi. Upierzenie wierzchu ciała jest brązowe z szarawymi plamkami, spód ciała biały z podłużnymi rozmytymi plamami. Nogi i pazury są gęsto opierzone – stąd wzięła się nazwa tych sów. Tęczówki mają barwę żółtą. Samice są większe od samców. Prowadzi wyłącznie nocny tryb życia.

występowanie

W Polsce występuje na północy kraju i w górach, niezbyt licznie w pasie nizin i pojezierzy. Lubi gęste lasy iglaste i cały rok przebywa blisko swych lęgowisk.

Wodniczka

Acrocephalus paludicola

rodzina: trzciniaki

rząd: **wróblowe**

lęgowe, śpiewające, wędrowne

opis gatunku

Podobna do rokitniczki, ale ma jaśniejsze żółtawobrązowe upierzenie i jasny pasek ciemieniowy, otoczony z obydwu stron czarnymi paskami. Brew nad okiem ma żółtawobiaławą barwę. Grzbiet jest silnie kreskowany, z jasnymi poziomymi pręgami na płaszczu, kuper wyraźnie cętkowany. Boki jasnego spodu ciała i pierś są niekiedy drobno kreskowane.

występowanie

Zimuje w zachodniej Afryce. W Polsce należy do ptaków nielicznych lęgowo na północy. Rozmieszczona jest na całym niżowym obszarze kraju, m.in. na Bagnach Biebrzańskich, w dolinie Narwi i u ujścia Odry oraz w Poleskim Parku Narodowym. Występuje na podmokłych łąkach porośniętych turzycami i niewysokimi krzewami oraz na żyznych torfowiskach.

masa

11–13 g

długość ciała

12–14 cm

rozpiętość skrzydeł

19 cm

pożywienie

drobne owady

gniazdo i jaja

Gniazdo buduje nisko w trawach i turzycach, tuż nad wodą, jest dobrze ukryte. Składa 5–6 jaj.

rodzina: chruściele

Wodnik

Rallus aquaticus

rząd: **żurawiowe**

wodne, lęgowe, przelotne

masa
70–180 g

długość ciała
25–30 cm

rozpiętość skrzydeł
40–45 cm

pożywienie
owady, ślimaki, małe żaby i ryby

gniazdo i jaja
Gniazdo układa starannie na ziemi z suchych źdźbeł, jest dobrze ukryte wśród gęstej roślinności porastającej błota. Składa 4–12 jaj.

opis gatunku
Dosyć ciemno ubarwiony ptak, wierzch ciała ma ciemnobrązowy, nakrapiany, spód natomiast niebieskoszary. Na bokach mają czarno-białe pasy. Krótki ogon często trzyma uniesiony, widać wówczas kremowobiałe podogonie. Dziób jest długi, czerwony, lekko zakrzywiony. Trudno go zobaczyć, ale swoją obecność zaznacza głosem. Jest aktywny o świcie i zmierzchu.

występowanie
Zimuje na południu Europy i w Afryce. W Polsce na niżu występuje w starorzeczach, na bagnach, nad zabagnionymi rzekami i zbiornikami wodnymi o zarośniętych szuwarami brzegach. Niekiedy spotykany w wyższych partiach gór. Bardzo nielicznie zimuje, także nieliczny lęgowo.

Zaganiacz

Hippolais icterina

rodzina: trzciniaki

rząd: **wróblowe**

lęgowe, śpiewające, wędrowne

opis gatunku

Ptak podobny do świstunki leśnej, ale znacznie większy. Wierzch ciała jest zielonkawoszary, krótka jasnożółta brew słabo zaznaczona. Spód ciała ma siarkowożółtą barwę, nogi natomiast ciemnoszarą. Pióra na głowie są często lekko nastroszone. Nigdy nie wysiadują jaj kukułki, mają zdolność rozpoznawania podrzucanych jaj. Śpiewa szczebiotliwie i melodyjnie.

występowanie

Zimuje w środkowej Afryce. W Polsce należy do ptaków licznych lęgowo na całym obszarze kraju. Zasiedla wilgotne obrzeża lasów liściastych i mieszanych z bujnym podszyciem.

masa

14 g

długość ciała

14 cm

rozpiętość skrzydeł

23 cm

pożywienie

owady i ich larwy, drobne bezkręgowce, także jagody i małe owoce drzew

gniazdo i jaja

Gniazduje w miejscach zacienionych, nisko w gęstwinie gałęzi drzew lub krzewów, w pionowych, rozwidlonych gałązkach. Składa 4–6 jaj.

rodzina: łuszczaki

Zięba
Fringilla coelebs

rząd: **wróblowe**

lęgowe, śpiewające, wędrowne, przelotne

masa
21 g

długość ciała
15 cm

rozpiętość skrzydeł
26 cm

pożywienie
nasiona chwastów, owoce jagodowe, owady

gniazdo i jaja
Gniazdo, starannie utkane z korzonków, buduje w rozwidleniu gałęzi lub pnia. Składa 3–6 jaj.

opis gatunku

Samiec zięby jest jaskrawy, kolorowy, samica natomiast szarobrązowa z zielonym odcieniem. Obie płcie mają białe pasy na skrzydłach, obrzeżony na biało ogon i zielony kuper. Dziób jest krótki i gruby. Samiec ma czarne czoło i szaroniebieską, zachodzącą na kark czapeczkę. Policzki, podgardle i pierś są ceglastoczerwone, spód różowawy, pokrywy podogonowe białe. Śpiewają bardzo głośno i melodyjnie, zwłaszcza samce.

występowanie

Zimuje w północno-zachodniej Afryce i zachodniej Azji. W Polsce zimuje nielicznie, u nas też nieliczna lęgowo, spotykana także w czasie przelotów z północy. Najczęściej występuje w lasach i borach różnego typu oraz w parkach i ogrodach. Zimą często występuje w stadach na polach, zwykle blisko lasów, szczególnie bukowych.

Żołna
Merops apiaster

rodzina: kraskowe

rząd: **kraskowe**

lęgowe, wędrowne

opis gatunku

Jaskrawie ubarwiony ptak. Wierzch głowy i kark ma rdzawobrązowe, czoło białe. Przez oko przebiega czarna pręga. Gardło jest żółtawe, spód błękitny. Grzbiet i kuper mają złotooliwkową barwę. Skrzydła są błękitno-zielone. Środkowa para sterówek oliwkowozielonego ogona jest dłuższa, co widać w locie, który jest bardzo zwinny.

występowanie

Zimuje w Afryce na południe od Sahary, na Półwyspie Arabskim i w Indiach. W Polsce występuje w dolinie Sanu, na Podlasiu i na Mazowszu. Spotkać ją można na piaszczystych urwiskach i gliniastych skarpach w pobliżu wody. Często przesiaduje na drutach telefonicznych.

masa

60 g

długość ciała

28–29 cm

rozpiętość skrzydeł

45 cm

pożywienie

owady chwytane w locie, głównie osy i pszczoły, przez co nazywana jest pszczołojadem

gniazdo i jaja

Dziobem wygrzebuje głęboką norę w urwisku, rozszerzone zakończenie nory wyściełane jest pozostałościami niestrawionych owadów. Składa 5–6 jaj.

rzqd: **żurawiowe**

rodzina: żurawie

Żuraw

Grus grus

lęgowe, wędrowne

masa
5–6 kg

długość ciała
140 cm

rozpiętość skrzydeł
240 cm

pożywienie
głównie pokarm roślinny, uzupełniany gryzoniami, owadami, mięczakami

gniazdo i jaja
Gniazdo buduje na ziemi, skąpo usłane źdźbłami i mchem, wśród niedostępnych bagien. Składa 2 jaja.

opis gatunku

Większy od bociana, ubarwieniem przypomina czaplę siwą, ale ma bardziej smukłą sylwetkę. Ma popielate upierzenie, a końcówki skrzydeł czarne. Latem wierzch staje się brązowawy od żelazistej wody torfowisk. Pośrodku głowy widać czerwoną plamę; czoło i przód długiej szyi – czarne. Jego ozdobą jest pióropusz, który przykrywa ogon. W przeciwieństwie do czapli w locie wyciąga szyję. Wędrujące stada formują klucze. Żurawie łączą się w pary na całe życie, wiosną odbywają pełen wdzięku taniec godowy.

występowanie

Zimuje w Afryce Północnej, na Półwyspie Iberyjskim oraz w Azji. W czasie przelotów tworzy charakterystyczne klucze, wydając przy tym głośny krzyk. W Polsce najwięcej spotyka się na niżu. Występuje na terenach bagiennych, w pobliżu zbiorników wodnych.